Schweizer Zahlenbuch 2

von
Erich Ch. Wittmann und Gerhard N. Müller

Bearbeitung für die Schweiz
Elmar Hengartner und Gregor Wieland

Illustrationen Anna Luchs

Klett und Balmer Verlag Zug

Inhaltsverzeichnis

Arithmetik mit ⚡ Blitzrechnen
Geometrie
Sachrechnen

Überblick und Wiederholung

Vorschau auf das Schuljahr	4–5
Rechnen in England	6
Rechnen in Italien	7
Legen und überlegen	8
Zauberdreiecke	9
Würfeln	10

Orientierung im Hunderterraum

Schätzen und zählen		11
Erzählen und zählen		12
Bündeln		13
Mit Zehnern rechnen (Geld)		14
Zehner am Hunderterfeld		15
Zahlen zeigen und aufschreiben		16
Zahlen aufschreiben und zerlegen	⚡ Wie viele?	17
Hundertertafel		18
Wege auf der Hundertertafel 1	⚡ Welche Zahl?	19
Wege auf der Hundertertafel 2		20–21
Hunderterreihe ⚡ Zählen	⚡ Ergänzen zum Zehner	22–23
Rechenstrich	⚡ Zählen in Schritten	24–25
Alle Münzen und Noten		26
Alle Münzen und Noten in Euro		27
Längen messen – Meter und Zentimeter		28–29
Ergänzen bis 100	⚡ Ergänzen bis 100	30
100 teilen	⚡ 100 teilen	31
Zahlen in der Umwelt		32
Formen in der Umwelt		33
Tangram (Formen legen)		34–35

Addition im Hunderterraum

38 + 25

Rechnen mit Einern – Rechnen mit Zehnern		36
Verdoppeln	⚡ Verdoppeln	37
Rechenwege bei Plusaufgaben 1		38
Einfache Plusaufgaben	⚡ Einfache Plusaufgaben	39
Plusaufgaben verändern		40
Tauschaufgaben		41
Würfel (Formen herstellen)		42
Quader (Formen herstellen)		43

Subtraktion im Hunderterraum

57 – 23

Rechenwege bei Minusaufgaben 1		44
Einfache Minusaufgaben	⚡ Einfache Minusaufgaben	45
Minusaufgaben verändern		46
Minusaufgaben durch Ergänzen lösen		47
Plus oder Minus		48
Halbieren	⚡ Halbieren	49

Sachrechnen

Rechnen mit Geld	⚡ Zerlegen	50–51
Tag und Stunden		52
Stunden und Minuten		53
Zeichnen und messen (Längen)		54
Längen vergleichen und berechnen		55
Formen zeichnen		56
Ornamente zeichnen		57

Arithmetik mit ⚡ Blitzrechnen
Geometrie
Sachrechnen

Einführung von Multiplikation und Division

Malaufgaben in der Umwelt	58–59
Malaufgaben am Hunderterfeld	60–61
Kernaufgaben am Hunderterfeld	62
Von Kernaufgaben zu weiteren Malaufgaben ⚡ Kernaufgaben am Feld	63
Zweier-, Fünfer-, Zehnerreihe (Einmaleins-Plan)	64–65
Dreier-, Sechser-, Neunerreihe	66–67
Vierer-, Achter-, Siebnerreihe	68–69
Aufteilen	70
Verteilen	71
Teilen am Einmaleins-Plan	72
Reih auf und ab ⚡ Einmaleins am Plan	73

Sachrechnen

Legen und überlegen	74
Tageslauf	75
Jahreslauf	76
Alle werden älter	77
Pflanzen (Längen)	78
Störche	79
Legen und zeichnen	80
Knotenschule	81
Spiegeln	82–83

Vertiefung der Addition und Subtraktion

Rechenwege bei Plusaufgaben 2	84–85
Gebühren	86
Rechengeschichten	87
Rechenwege bei Minusaufgaben 2	88–89
Übungen zu Minusaufgaben	90
Klassenspiegel (Pläne)	91
Figuren kippen	92–93

Vertiefung des kleinen Einmaleins und Sachrechnen

Einmaleins-Tafel ⚡ Einmaleins am Feld	94–95
Aufteilen mit Rest	96
Teilen mit Rest	97
Malaufgaben in Sachsituationen	98–99
Glacekarte (Geld)	100
Auf dem Biomarkt (Geld)	101
Sachrechnen im Kopf	102–103
Sachaufgaben lösen	104
Sachaufgaben erfinden	105

Ergänzende Übungen und Ausblick

Quadratzahlen und Dreieckszahlen	106
Zurück zur Startzahl	107
Gerade und ungerade Zahlen	108–109
Ungleichungen	110–111
Mal und durch	112–113
Die Zahlen von 1 bis 200	114
Das Zweihunderterfeld	115

Miniprojekte

Bald ist Weihnachten	116–117
Bald ist Ostern	118–119

Der 🦔 zeigt «Schnüffelaufgaben».

Vorschau auf das Schuljahr

Oktober

November

23 + 23

Dezember

54 − 10

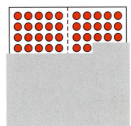

Zehner	Einer
3	7

September

10 + 10
20 + 30   20 − 1
30 + 40   19 − 2
40 + 50   18 − 3
            17 − 4

August

Juli

4   Vorschau auf das Rechnen im Hunderter
    Kalenderjahr – Schuljahr
    Die Doppelseite kann zur Standortbestimmung benutzt werden.

Januar   ### Februar

1 · 6
2 · 6
5 · 6
10 · 6

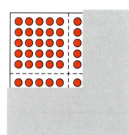

6 · 6

68 + 23
68 − 23
63 + 28
63 − 28

März

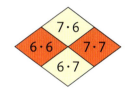

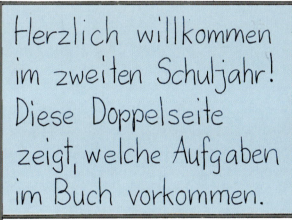

Herzlich willkommen im zweiten Schuljahr! Diese Doppelseite zeigt, welche Aufgaben im Buch vorkommen.

April

10 : 5
15 : 5
20 : 5
25 : 5

100, 101, 102, 103, ...

100 + 10
100 + 20
100 + 30

Juni   ### Mai

Vorschau auf das Rechnen im Hunderter
Kalenderjahr – Schuljahr
Die Doppelseite kann zur Standortbestimmung benutzt werden.

Rechnen in England

1 In England rechnen die Kinder so:

A	9	8	7	6	5	B	11	13	15	5	3
	+ 1	+ 3	+ 5	+ 7	+ 9		+ 9	+ 6	+ 3	+ 13	+ 16
	10	11	12	13	14		20	19	18	18	19

2
7 + 6 = 13   8 + 6 = 14   5 + 9 = 14   9 + 6 = 15   8 + 7 = 15
13 − 6 = 7   14 − 6 = 8   14 − 9 = 5   15 − 6 = 9   15 − 7 = 8

3

20	15	5	2	10
12 + 8	11 + 4	10 − 5	5 − 3	10 + 0
11 + 9	9 + 6	11 − 6	8 − 6	20 − 10
10 + 10	7 + 8	12 − 7	10 − 8	5 + 5
9 + 11	6 + 9	14 − 9	11 − 9	15 − 5
8 + 12	5 + 10	15 − 10	14 − 12	2 + 8

4 How many?

A   10 … 4

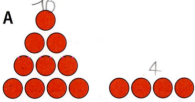

B   10   10   3

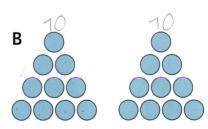

5 Count. 1 2 3 4 5 6 7 8 9 10

one   two   three   four   five   six   seven   eight   nine   ten

6
1–4 Aufgaben zur Wiederholung ▸ Kopiervorlage
5 Englische Zahlnamen vorlesen, evtl. nachsprechen lassen.
▸ Arbeitsheft, Seite 3

Rechnen in Italien

1 Le piramidi di mattoni

A: 20 / 10, 10 / 5, 5, 5 ✓
B: 16 / 6, 10 / 2, 4, 6 ✓
C: 12 / 4, 8 / 1, 3, 5 ✓
D: 20 / 5, 15 / 0, 5, 10 ✓

E: 14 / 8, 6 / 5, 3, 3 / 4, 1, 2, 1 ✓
F: 20 / 10, 10 / 4, 6, 4 / 0, 4, 2, 2 ✓
G: 20 / 8, 12 / 3, 5, 7 / 1, 2, 3, 4 ✓

2
5 + 5   18 − 9
5 + 6   16 − 8
5 + 7   12 − 6
7 + 7   10 − 6
8 + 7   8 − 6

3
1 + 2 + 3   1 + 8 + 1
2 + 3 + 4   2 + 7 + 2
3 + 4 + 5   3 + 6 + 3
4 + 5 + 6   4 + 5 + 4 ✓
5 + 6 + 7   5 + 4 + 5

4 Quanti?

A 7 7 2

B 7 7 7

5 Conta.   1   2   3   4   5   6   7   8   9   10

uno due tre quattro cinque sei sette otto nove dieci

1–4 Aufgaben zur Wiederholung   ▶ Kopiervorlage
  5 Italienische Zahlnamen vorlesen, evtl. nachsprechen lassen.
▶ Arbeitsheft, Seite 3

7

Legen und überlegen

1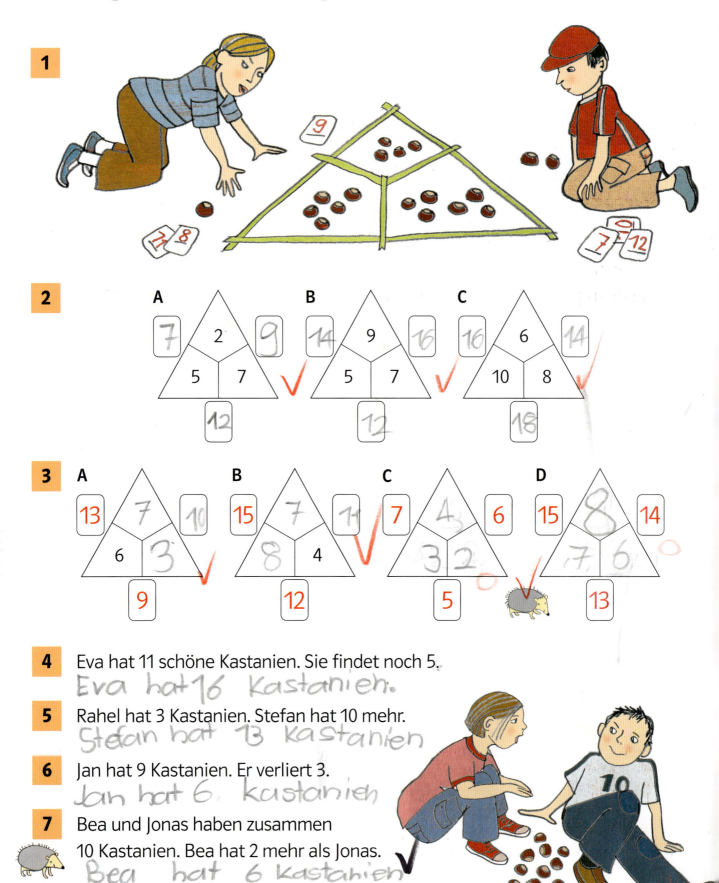

2

A: 7, 2, 9 / 5, 7 ✓ / 12
B: 14, 9, 16 / 5, 7 ✓ / 12
C: 16, 6, 14 / 10, 8 ✓ / 18

3

A: 13, 7, 10 / 6, 3 ✓ / 9
B: 15, 7, 11 / 8, 4 ✓ / 12
C: 7, 4, 6 / 3, 2 / 5 ✓
D: 15, 8, 14 / 7, 6 ○ / 13

4 Eva hat 11 schöne Kastanien. Sie findet noch 5.
Eva hat 16 Kastanien.

5 Rahel hat 3 Kastanien. Stefan hat 10 mehr.
Stefan hat 13 Kastanien

6 Jan hat 9 Kastanien. Er verliert 3.
Jan hat 6 Kastanien

7 Bea und Jonas haben zusammen 10 Kastanien. Bea hat 2 mehr als Jonas.
Bea hat 6 Kastanien

8 Erfinde selbst Aufgaben.

1–7 Aufgaben lösen, evtl. mit Plättchen legen. ▶ Kopiervorlage
8 Eigene Aufgaben erfinden und lösen.
▶ Arbeitsheft, Seite 4

Zauberdreiecke

Von 1 bis 10
die Zahlen gehn.

Nun habe Mut,
probiere gut.

Immer 12 solls sein,
setz richtig ein:

Es ist vollbracht –
alle Seiten gleich gemacht.

1 Immer 12

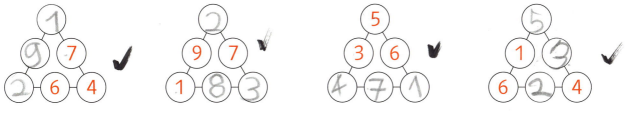

2 Immer 15

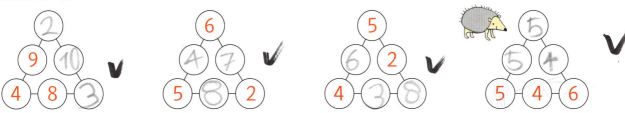

3 Immer 20

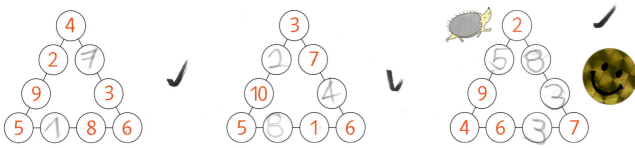

1–3 Mit Zahlenkarten nachlegen, Lösungen ausprobieren.   ▶ Kopiervorlage
▶ Arbeitsheft, Seite 5

Würfeln

1
A Würfle ganz oft mit einem Würfel.

B Welche Augenzahlen kommen bei dir oft vor?
Welche Augenzahlen kommen bei dir selten vor?

Augen		Anzahl
⚀	ҞҞҞҞ ҞҞҞҞ	9
⚁	ҞҞҞҞ Ҟ	6
⚂	ҞҞҞҞ ҞҞҞҞ	9
⚃	ҞҞҞҞ ҞҞҞ	8
⚄	ҞҞҞҞ ҞҞҞҞ	10
⚅	ҞҞҞҞ ҞҞҞ	8

Sandra

2

A Würfle mit zwei Würfeln.

B Welche Augensummen kommen bei dir oft vor?
Welche Augensummen kommen bei dir selten vor?

Augensumme	
2	
3	||||
4	|||
5	ҞҞҞҞ
6	ҞҞҞҞ |||
7	ҞҞҞҞ ||||
8	ҞҞҞҞ |
9	ҞҞҞҞ
10	ҞҞҞҞ
11	||
12	|||

Felix

3

+	⚀	⚁	⚂	⚃	⚄	⚅
⚀	2	3	4	5	6	7
⚁	3	4	5	6	7	8
⚂	4	5	6	7	8	9
⚃	5	6	7	8	9	10
⚄	6	7	8	9	10	11
⚅	7	8	9	10	11	12

Was fällt dir auf?

4 Würfle mit drei Würfeln.

A Welche Augensummen kommen vor?

B Welche Augensummen werden häufig gewürfelt? Welche selten?

10
1 Strichliste anlegen und auswerten, evtl. Kopiervorlage verwenden. ▶ Kopiervorlage
2 Würfelsumme berechnen, Strichliste anlegen und auswerten, evtl. Kopiervorlage verwenden. ▶ Kopiervorlage
3 Tabelle besprechen.
4 Augensummen mit drei Würfeln untersuchen.

Schätzen und zählen

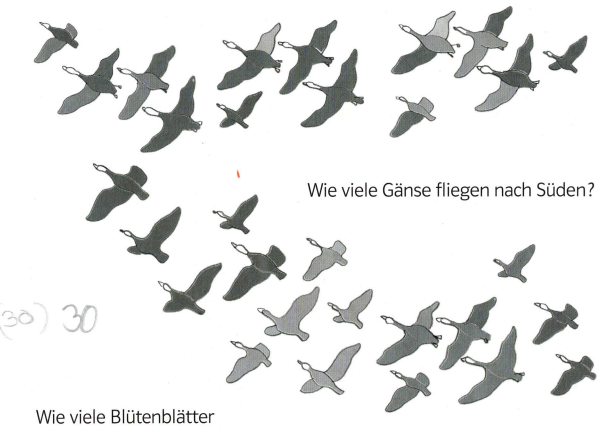

Wie viele Gänse fliegen nach Süden?

(30) 30

Wie viele Blütenblätter hat die Sonnenblume?

Wie viele Johannisbeeren wachsen am Stiel?

50 | 58

Wie viele Jahresringe hat der Baum?

(100)
55

(30) 30

Anzahlen schätzen und – so gut es geht – zählen. Auch mit eigenen Bildern zählen.

Erzählen und zählen

Wie viele Gipfeli?   Wie viele Ruchbrote?

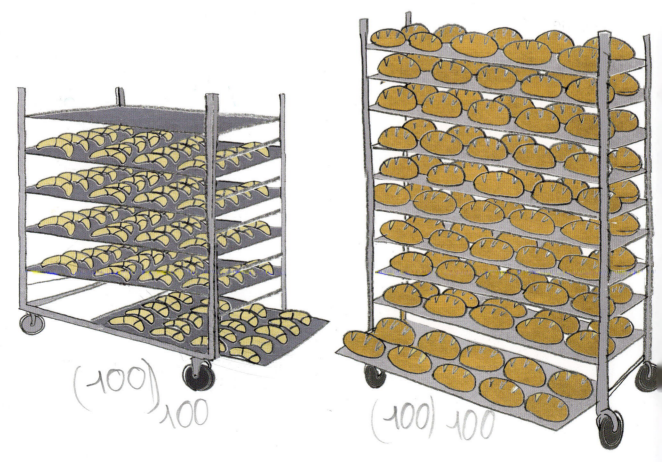

Gipfeli und Brote zählen. Besprechen, wie gezählt wurde.

Bündeln

1 Wie viele Zehner, wie viele Einer?

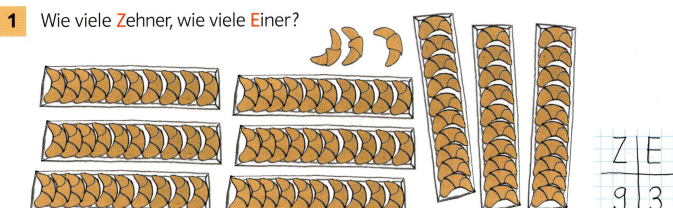

2 Wie viele?

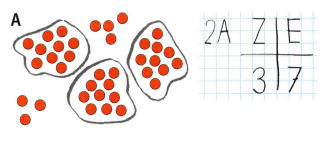

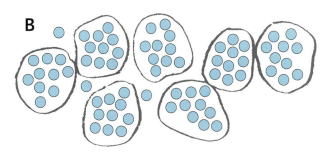

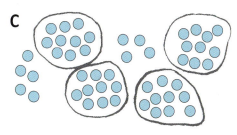

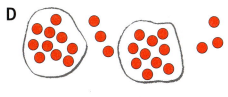

3 Zeichne so viele.

A	Zehner	Einer
	2	6

B	Zehner	Einer
	4	1

C	Zehner	Einer
	1	4

D	Zehner	Einer
	3	0

1–2 Zu Zehnern bündeln, Zehner und Einer abzählen, in Stellentafel eintragen.
3 Entsprechende Anzahlen zeichnen und bündeln.
▶ Arbeitsheft, Seite 6

Mit Zehnern rechnen

1 Wie viel?

 30.Rp  60.Rp  1.Fr   70.Rp

2 Wie viel?

 30.Fr  50.Fr  70.Fr   100.Fr

3 Zusammen?

 50.Rp  1.Fr  80.Rp   1.Fr

4 Was bleibt?

 30.Fr    20.Fr

5 Was bleibt?

 30.Rp    40.Rp

6
A 50 + 10 ✓   B 20 + 10 ✓   C 90 + 10 ✓
   50 + 40   30 + 20   80 + 10
   50 + 50   30 + 30   60 + 20
   50 + 30   40 + 30   40 + 20
   50 + 20   40 + 40   10 + 10

7
A 80 − 20 ✓   B 40 − 20 ✓   C 100 − 10 ✓
   70 − 20 ✓   40 − 10 ✓   100 − 50 ✓
   60 − 20   50 − 20   100 − 30
   50 − 30   80 − 50   100 − 20
   40 − 30   90 − 60   100 − 90

1–2 Geldbeträge bestimmen.
  3 Geldbeträge addieren.
4–5 Bei Bedarf mit Rechengeld handelnd lösen.
6–7 Mit Zehnern rechnen.
▶ Arbeitsheft, Seite 7

Zehner am Hunderterfeld

zehn	10	
zwanzig	20	
dreissig	30	
vierzig	40	
fünfzig	50	
sechzig	60	
siebzig	70	
achtzig	80	
neunzig	90	
hundert	100	

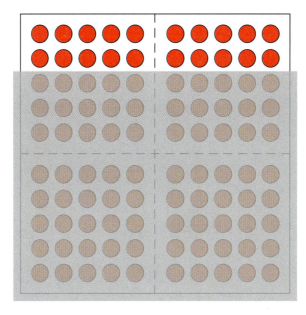

1 mal 10
2 mal 10
3 mal 10
4 mal 10
5 mal 10
6 mal 10
7 mal 10
8 mal 10
9 mal 10
10 mal 10

1 A 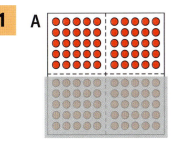 B 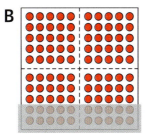 C 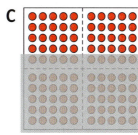 D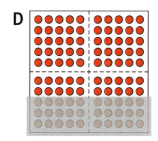

1A 100 = 50 + 50

2 A 100 = 40 + 60   B 100 = 80 + 20
100 = 60 + 40   100 = 10 + 90
100 = 70 + 30   100 = 20 + 80
100 = 30 + 70   100 = 90 + 10

3 A 50 + 50 = 100   B 30 + 70 = 100
60 + 40 = 100   20 + 80 = 100
70 + 30 = 100   10 + 90 = 100
80 + 20 = 100   0 + 100 = 100

4 Vergleiche > < =

10 < 20	50 > 30	10 < 80
90 > 20	50 = 50	90 > 80
20 = 20	50 < 60	20 < 80
80 > 20	50 < 70	80 = 80
60 > 20	50 > 20	60 < 80

5 Rechne und zeige.

9 + 1	und	90 + 10
8 + 2	und	80 + 20
7 + 3	und	70 + 30
6 + 4	und	60 + 40
5 + 5	und	50 + 50

6 A 10, 20, 30, …   B 20, 40, …   C 100, 90, 80, …   D 100, 70, …

Orientierung am Hunderterfeld
1–3 Am Hunderterfeld mit einer Folie legen und Zehner notieren, auf 100 ergänzen.
4 Zehner vergleichen. **5** Analogien herstellen.
6 Zahlenfolgen fortsetzen.
▶ Arbeitsheft, Seite 8

Zahlen zeigen und aufschreiben

1 Zeige am Hunderterfeld.

A 23, 53, 73, 93   **B** 27, 57, 77, 97   **C** 28, 82, 8, 80   **D** 17, 71, 73, 37

2 Zeichne, sprich und schreibe.

A 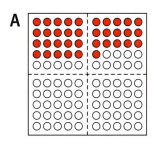   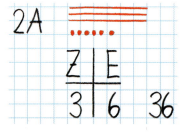   B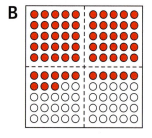

3 A 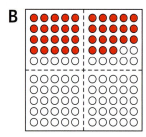   B 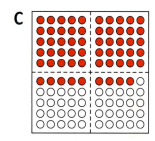   C 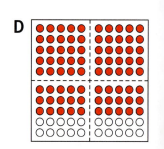   D (siehe Bild)

4 Schreibe die Zahlen.

A    B    C    D

---

1 Zahlen am Hunderterfeld zeigen, als Zahlbild notieren und aufschreiben.
2–3 Dargestellte Zahlen als Zahlbild notieren und aufschreiben.
4 Dargestellte Zahlen aufschreiben.
▶ Arbeitsheft, Seite 9

Zahlen aufschreiben und zerlegen

1 Schreibe die Zahlen.

A  B  C  D  E

1A 23

2 A  B C  D  E

3 Zeichne ins Heft.

A 41, 43, 47, 48   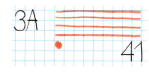   B 83, 38, 63, 36   C 28, 82, 23, 32

3A ——— 41

4 A 40 + 2   B 80 + 8   C 6 + 90   **5** A 50 + 7   B 90 + 1   C 1 + 90
   20 + 4   30 + 8   9 + 60   70 + 5   10 + 9   9 + 10
   60 + 6   80 + 3   6 + 30   70 + 0   70 + 9   9 + 70

6 Zerlege in Zehner und Einer.

A 36, 49, 56, 69   6A 36 = 30 + 6   B 96, 69, 72, 27   C 48, 84, 54, 45
                     49 = 40 +

Wie viele?
Übt immer wieder.

Zahl zeigen.   Zahl nennen.

1–2 Dargestellte Zahlen aufschreiben.
 3 Zahlbilder zeichnen.
4–5 Zweistellige Zahlen aus Zehnern und Einern zusammensetzen.   6 Zahlen zerlegen.
 ⚡ Zur Grundlegung und zum Üben aufgeklappte Umschlagseite des Arbeitsheftes verwenden.
 ▶ Arbeitsheft, Seite 9

Hundertertafel

1 Schreibe ins Heft: rote Zahlen, blaue Zahlen, orange Zahlen. Was fällt dir auf?

2 Zeige an der Hundertertafel.
A 21, 22, 23, …, 30
   51, 52, 53, …, 60
   100, 99, 98, …, 91
   80, 79, 78, …, 71
B 6, 16, 26, …, 96
   93, 83, 73, …, 3

3 Nenne immer die 5 Zahlen einer Farbe.

4 Decke so selber 5 Zahlen mit Plättchen ab (Kopiervorlage). Dein Partner oder deine Partnerin nennt die verdeckten Zahlen.

5 Zeige und zähle weiter.
A 11, 12, 13, …, 21
B 25, 26, 27, …, 35
C 68, 69, …, 78
D 62, 61, …, 52
E 97, 96, …, 87
F 8, 18, …, 98
G 94, 84, …, 4
H 1, 12, …, 100

1	2	3	4	5	6	7	8	9	10
11	12	13	14	15	16	17	18	19	20
21	22	23	24	25	26	27	28	29	30
31	32	33	34	35	36	37	38	39	40
41	42	43	44	45	46	47	48	49	50
51	52	53	54	55	56	57	58	59	60
61	62	63	64	65	66	67	68	69	70
71	72	73	74	75	76	77	78	79	80
81	82	83	84	85	86	87	88	89	90
91	92	93	94	95	96	97	98	99	100

18

1–2 Orientierung an der Hundertertafel
3 Markierte Felder der Hundertertafel benennen.
4 Verdeckte Zahlen auf der Hundertertafel nennen. ▶ Kopiervorlage
5 An der Hundertertafel weiterzählen.
▶ Arbeitsheft, Seite 10

Wege auf der Hundertertafel 1

1 Nenne die Zielzahlen.

A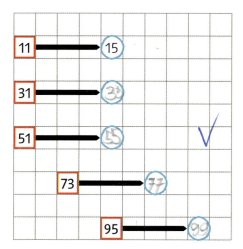

B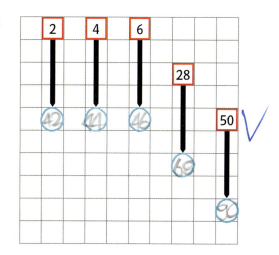

C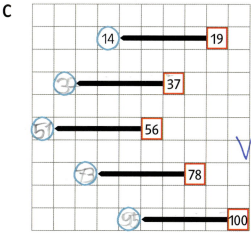

D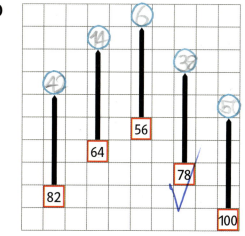

2 Stellt einander solche Aufgaben.

Welche Zahl?
Übt immer wieder.

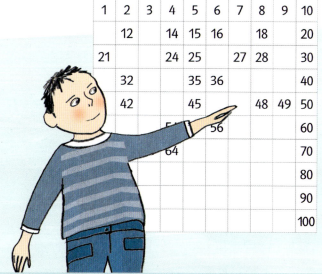

Zahl zeigen.   Zahl nennen.

Wege auf der Hundertertafel 2

1 Nenne die Zielzahlen. Erkläre und vergleiche die Wege.

A

B

C

D

2 Gleich viele Schritte: Nenne die Zielzahlen.

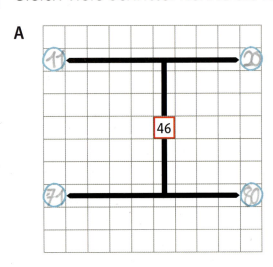

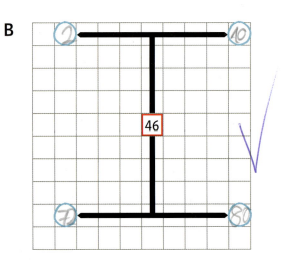

Zähle die Wege. Gibt es andere Wege?

1 Zu verschiedenen Startzahlen mit gleich vielen Einer- und gleich vielen Zehnerschritten die Zielzahlen bestimmen.

2 Von einer Startzahl aus mit einer vorgegebenen Anzahl Einer- und Zehnerschritte vorwärts und rückwärts schreiten und die Zielzahlen bestimmen. Wege besprechen.

3 «Vom Start zum Ziel»

A Führe deinen Partner von einer Startzahl zu einer Zielzahl.

Beispiel: «Starte auf 55 . Gehe nun 3 Zehner vor, dann 2 Einer zurück.»
Dein Partner nennt die Zielzahl.

B Du nennst eine Start- und eine Zielzahl. Deine Partnerin nennt einen möglichen Weg.

4 A «Immer 4 Schritte»

Starte auf 55 . Gehe immer 4 Schritte. Welche Zahlen kannst du mit Einer- und Zehnerschritten erreichen? Decke sie mit blauen Plättchen ab. Was fällt dir auf?

B Gehe immer 3 Schritte. Was fällt dir auf?

1	2	3	4	5	6	7	8	9	10
11	12	13	14	15	16	17	18	19	20
21	22	23	24	25	26	27	28	29	30
31	32	●	34	35	36	37	38	39	40
41	42	43	44	45	46	47	48	49	50
51	52	53	54	●	56	57	58	●	60
61	62	63	64	65	66	67	68	69	70
71	72	73	74	75	76	77	78	79	80
81	82	83	84	85	86	87	88	89	90
91	92	93	94	●	96	97	98	99	100

5 A «Wer kann den andern stoppen?»

Setzt ● auf 1 , ● auf 100 .
Rot und Blau ziehen abwechselnd:
● 1, 2 Einer oder 1, 2 Zehner vor,
● 1, 2 Einer oder 1, 2 Zehner zurück.
Die blaue Zahl muss immer kleiner sein als die rote.

●	2	3	4	5	6	7	8	9	10
11	12	13	14	15	16	17	18	19	20
21	22	23	24	25	26	27	28	29	30
31	32	33	34	35	36	37	38	39	40
41	42	43	44	45	46	47	48	49	50
51	52	53	54	55	56	57	58	59	60
61	62	63	64	65	66	67	68	69	70
71	72	73	74	75	76	77	78	79	80
81	82	83	84	85	86	87	88	89	90
91	92	93	94	95	96	97	98	99	●

---

3 Orientierungsübung in Partnerarbeit
4 Kombinationen von Einer- und Zehnerschritten beachten. Zielzahlen notieren. Sie bilden ein schönes Muster. Wege besprechen. ▶ Kopiervorlage
5 Strategiespiel in Partnerarbeit. Wer als Erster festsitzt, hat verloren.

Hunderterreihe

1 Zeige an der Hunderterreihe 38, 83, 45, 54, 96, 97.

2 Suche die Nachbarzahlen.

A 14, 15, 16 B 74, 75, 76 C ..., 20, ... D ..., 80, ... E ..., 43, ...
..., 35, ..., 85, ..., 40, ..., 90, ..., 21, ...
..., 55, ..., 95, ..., 60, ..., 100, ..., 89, ...

3 Zurück und vor zu den Nachbarzahlen

A 18 − 1   B 37 − 1   C 59 − 1   D 79 − 1
  18 + 1   37 + 1   59 + 1   79 + 1

E 30 − 1   F 50 − 1   G 70 − 1   H 99 − 1
  30 + 1   50 + 1   70 + 1   99 + 1

4 Zeige an der Hunderterreihe.

A 40, 47, 50   B 60, 63, 70   C 90, 99, 100

5 Zwischen welchen Nachbarzehnern liegen 16, 34, 52, 76, 85? Zeige.

Zählen
Übt immer wieder.

Zahl an der Hunderterreihe zeigen. Zahl nennen und weiterzählen.

1 Orientierung an der Hunderterreihe
2–3 Nachbarzahlen mithilfe der Hunderterreihe finden.
4–5 Aufgaben mithilfe der Hunderterreihe lösen.
⚡ Zur Grundlegung und zum Üben aufgeklappte Umschlagseite des Arbeitsheftes verwenden.

6 Zurück zum Zehner

A	21 − 1 = 20 ✓	B	97 − 7 = 90 ✓	C	25 − 5 = 20 ✓	D	27 − 7 = 20 ✓
	22 − 2 = 20 ✓		77 − 7 = 70 ✓		36 − 5 = 30		45 − 5 = 40 ✓
	23 − 3 = 20 ✓		57 − 7 = 50 ✓		49 − 5 = 40		54 − 4 = 50 ✓
	24 − 5 = 20 ✓		37 − 7 = 30 ✓		64 − 5 = 60		63 − 3 = 60 ✓
	25 − 4 = 20		17 − 8 = 10		81 − 5 = 80		72 − 2 = 70 ✓

7 Vorwärts zum Zehner

A	39 + = 40	B	26 + = 30	C	25 + = 30	D	27 + = 30
	38 + = 40		46 + = 50		36 + = 40		45 + = 50
	37 + = 40		66 + = 70		49 + = 50		54 + = 60
	36 + = 40		76 + = 80		64 + = 70		63 + = 70
	35 + = 40		86 + = 90		81 + = 90		72 + = 80

8

A	7 + 3	B	4 + 6	C	8 + 2	D	5 + 5
	17 + 3		24 + 6		28 + 2		65 + 5
	37 + 3		44 + 6		58 + 2		95 + 5

9 Ergänze zum Zehner.

A	6 + = 10	B	4 + =	C	7 + =	D	9 + =
	66 + = 70		24 + =		47 + =		49 + =
	86 + = 90		54 + =		77 + =		99 + =

Ergänzen zum Zehner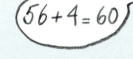
Übt immer wieder.

Zahl nennen.　　　　Zum nächsten Zehner ergänzen.

6–9 Aufgaben mithilfe der Hunderterreihe lösen.
⚡ Zur Grundlegung und zum Üben aufgeklappte Umschlagseite des Arbeitsheftes verwenden.
▶ Arbeitsheft, Seite 11

Rechenstrich

1

Zeichne einen Rechenstrich und trage die Zahlen ungefähr ein.

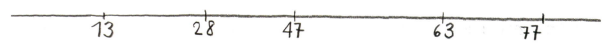

2 Ordne die Zahlen am Rechenstrich.

A 63 36 81 90 22 40 57

B 80 66 49 95 34 72 51

C 11 77 44 88 66 22 55

D 24 58 5 61 39 12 10

3 Immer 10 weiter. Starte mit

A 13   B 41   C 27   D 38   E 51   F 6

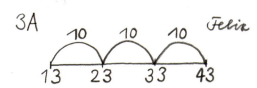
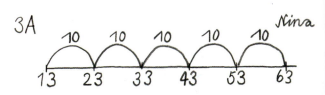

4 Immer 10 zurück. Starte mit

A 87   B 63   C 77

D 99   E 54   F 65

4A

5 Immer 5 weiter. Starte mit

A 35   B 34   C 36   D 11

6 Immer 5 zurück. Starte mit

A 90   B 89   C 61   D 36

24   **1–6** Einführung des Rechenstrichs als Ordnungshilfe.
Auf dem Rechenstrich muss die Lage der Zahlen nur ungefähr stimmen.

7 Immer 10 vor und zurück.
Starte mit **A** 37   **B** 65   **C** 83

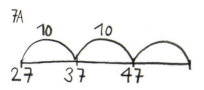

$37 + 10 = 47$
$37 - 10 = 27$

D Starte auch mit eigenen Zahlen. Was fällt dir auf?

8 Immer 5 vor und zurück.
Starte mit **A** 37   **B** 65   **C** 83

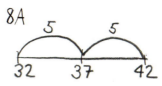

$37 + 5 = 42$
$37 - 5 = 32$

D Starte auch mit eigenen Zahlen. Was fällt dir auf?

9 Starte mit den Zahlen 37, 65, 83.

A Immer zwei Fünferschritte vor.

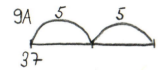

C Immer zwei Zehnerschritte vor.

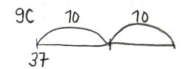

B Immer fünf Zweierschritte vor.

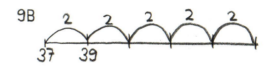

D Immer vier Fünferschritte vor.

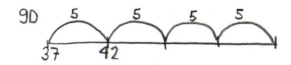

E Starte auch mit eigenen Zahlen. Was fällt dir auf?

Alle Münzen und Noten

> 1 Franken hat 100 Rappen.
> **1 Fr. = 100 Rp.**

1 Wie viel Rappen?

A	½Fr. 5
B	20 10 10 10 5 5
C	10 10 10 10 5 5 5
D	20 10 5
E	5 5 5 5 5

2 Lege und zeichne im Heft.

A 30 Rp. ⑩ ⑩ ⑩
B 45 Rp. ⑳ ⑳ ⑤
C 55 Rp. ㊼ ⑤
D 75 Rp. ㊼ ⑳ ⑤
E 80 Rp. ㊼ ⑤ ⑩ ⑤ ⑤

3 Wie viel Franken?

✗ A	20er-Note, 5Fr.
✗ B	20 20 20 5Fr. 5Fr.
C	20 20 20 5Fr.
D	20 2Fr. 2Fr. 1Fr.
E	5Fr. 20 5Fr. 2Fr. 2Fr. 1Fr.

4 Lege und zeichne im Heft.

A 30 Fr. [20] [10]
B 45 Fr. [20] [10] [10] ⑤
C 55 Fr. [50] ⑤
D 75 Fr.
E 80 Fr.

5 Lege 70 Rappen mit 7 Münzen,
mit 6 Münzen,
mit 5 Münzen,
…

6 Lege 70 Franken mit 2 Noten,
mit 3 Noten,
mit 4 Noten,
…

Alle Münzen und Noten in Euro

1 Ordne und vergleiche.

> 1 Euro hat 100 Cent.
> **1 € = 100 ct**

2 Wie viel Euro?

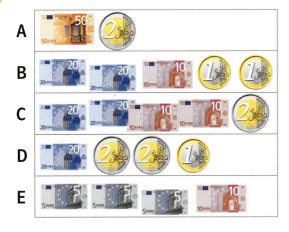

2A 52 €

3 Wie viel Cent?

3A 66 ct

4 Lege 70 Euro mit 2 Noten,
mit 3 Noten,
…

5 Lege 100 Cent mit 10 Münzen,
mit 9 Münzen,
…

1 Euro-Scheine und Münzen einführen. Abkürzungen € und ct erklären.
Strukturelle Analogien bei der Stückelung von Euro und Cent aufzeigen.
2–5 Aufgaben mit Rechengeld lösen.
▶ Arbeitsheft, Seite 15

Längen messen – Meter und Zentimeter

1 **A** Nimm einen Papierstreifen von 1 Meter Länge.

B Halbiere.

> Ein Meter hat 100 Zentimeter.
> **1 m = 100 cm**
> Ein halber Meter hat 50 Zentimeter.

C Halbiere nochmals.

D Du erhältst:

E Trage weitere Zentimeter ein.

2 Diese Körpermasse helfen dir beim Schätzen.

Fingerbreite 1 cm   Fingerspanne 10 cm   kleiner Schritt 50 cm

Schätze und miss genau.

A Tisch   **B** Stuhl   **C** Zahlenbuch   **D** Treppenstufe

2A Tisch hoch: geschätzt 60 cm, gemessen 76 cm
      breit:
      lang:

Untersuche weitere Gegenstände.

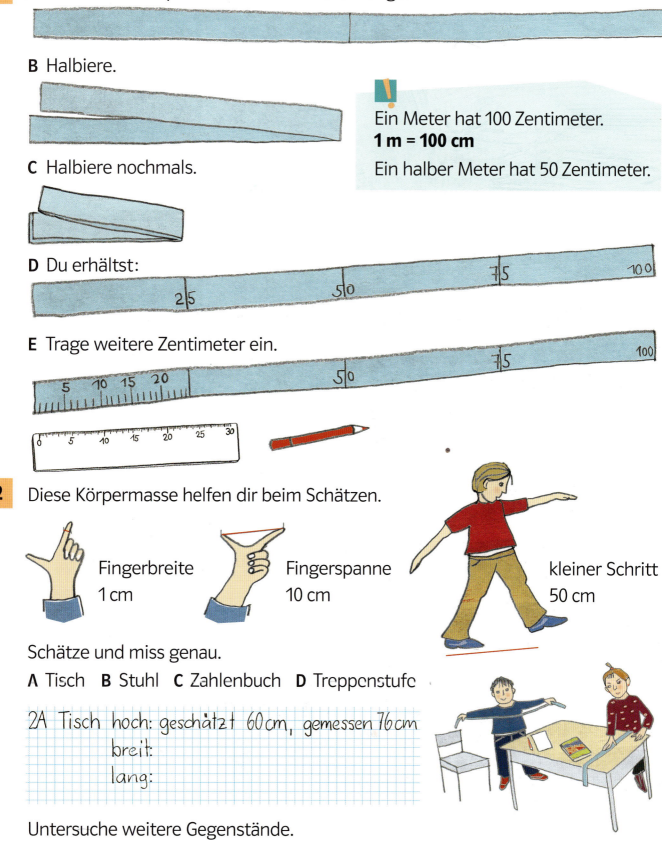

3 Wirklich so lang.

Nagel 5cm
Klammer 3cm
Patrone 4cm
Fülli 13cm
Pinsel 17cm

4 In Wirklichkeit doppelt so lang.

Gummi 6cm
Klebestift 12cm
Stift 16 cm
Leuchtstift 10cm

5 In Wirklichkeit halb so lang.

Nagel 6cm
Zündholz 5cm
Würfel 2cm
Spitzer 2'5 cm
Spitzer   cm

3–5 Längen der Gegenstände im Buch messen. Längen verdoppeln oder halbieren.
▶ Arbeitsheft, Seite 16

Ergänzen bis 100

1 A 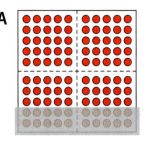 B 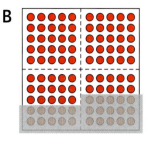 C 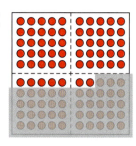 D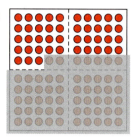

80 + 20 = 100   75 + 25 = 100   57 + ___ = 100   43 + ___ = 100

2
A	B	C	D
90 + 10 = 100	95 + 5 = 100	91 + ___ = 100	20 + ___ = 100
80 + 20 = 100	84 + 16 = 100	93 + ___ = 100	25 + ___ = 100
70 + 30 = 100	73 + 37 = 100	94 + ___ = 100	40 + ___ = 100
60 + 40 = 100	62 + ___ = 100	97 + ___ = 100	45 + ___ = 100
50 + 50 = 100	51 + ___ = 100	99 + ___ = 100	35 + ___ = 100

3 Du gibst . Rückgeld?

A 67 Fr.   B 82 Fr.   C 19 Fr.   D 45 Fr.   E 60 Fr.

   76 Fr.   28 Fr.   91 Fr.   54 Fr.   6 Fr.

4 Du gibst . Rückgeld?

A 29 Fr.   B 34 Fr.   C 39 Fr.   D 44 Fr.   E 49 Fr.

⚡ Ergänzen bis 100
Übt immer wieder.

Zahlen legen und nennen.   Bis 100 ergänzen.

1–2 Ergänzungsaufgaben am Hunderterfeld lösen.
3–4 Geldbeträge ergänzen.
⚡ Zur Grundlegung und zum Üben aufgeklappte Umschlagseite des Arbeitsheftes verwenden.
▶ Arbeitsheft, Seite 17

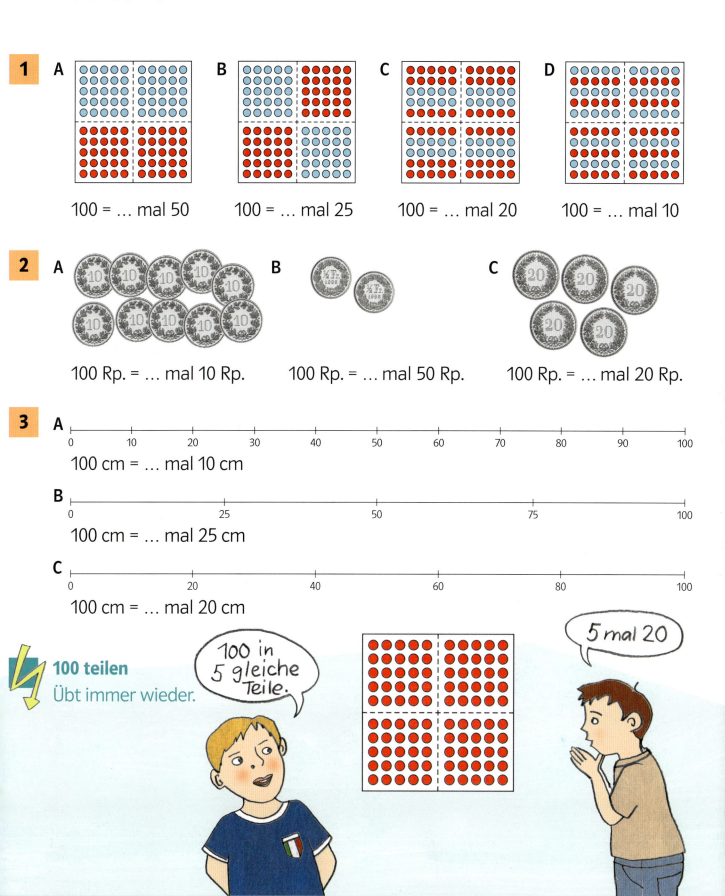

Zahlen in der Umwelt

1 Ina fährt mit ihrer Mutter nach Bern.

  A Wie weit müssen sie noch fahren?

  B Fährt die Mutter zu schnell?

  C Wie spät ist es? Wann werden sie etwa in Bern sein?

  D Stelle weitere Fragen.

2 Schlittschuhe weiss
Grösse 36, gut erhalten, für 30 Fr.
Neupreis 69 Fr.
☎ 042 210 26 46

3 Halber Preis!
Duvet (90 x 200 cm)   jetzt 40.–
Kopfkissen (80 x 80 cm)   jetzt 24.–
Garnitur   jetzt 58.–

4 EISHOCKEY

NATIONALLIGA A

Kloten Flyers – SC Bern	5 : 4
Rapperswil-Jona Lakers – Genf-Servette	2 : 1
HC Davos – ZSC Lions	6 : 2
HC Fribourg-Gottéron – EV Zug	2 : 3
SCL Tigers – HC Ambri-Piotta	5 : 0

Wie viele Tore sind gefallen?

5 Aller guten Dinge sind 3!
Wir sind glücklich
über die Geburt unserer Tochter

Jana

* 3. September 2006 | 3100 g | 52 cm

Familie Born | 4058 Basel | Spielweg 13

Wie gross warst du bei deiner Geburt?

1–5   Zahlen aus der Umwelt wiedererkennen, erzählen. Aufgaben entdecken und rechnen.

Formen in der Umwelt

1 **A** Suche Gegenstände. Zeichne ihre Umrisse.

B Wozu passen die Umrisse?

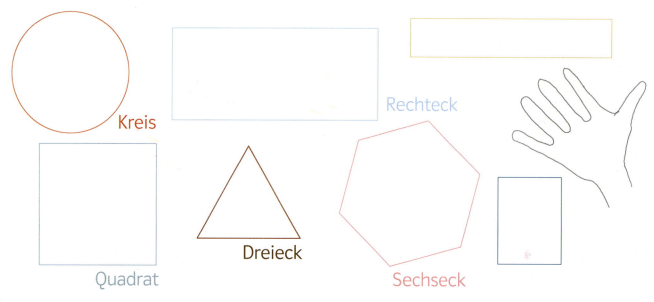

Kreis   Rechteck   Quadrat   Dreieck   Sechseck

2 Beschreibe die Verkehrsschilder. Was bedeuten sie?

 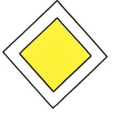   

1 Formen beschreiben, Umrisse herstellen und zuordnen.
2 Formen vergleichen, ihre Bedeutung verstehen.

TANGRAM

34 Schwan und Schiff mit Tangram-Spiel (Beilage) auslegen.
Kleine Figuren nachlegen.

Artist und Quadrat auslegen.
Kleine Figuren nachlegen.
Indirekter Flächenvergleich mit kleinen Tangram-Dreiecken

Rechnen mit Einern – Rechnen mit Zehnern

1

6 Fr. + 3 Fr. = 9 Fr.
9 Fr. – 3 Fr. = 6 Fr. Vergleiche. 60 Fr. + 30 Fr. = 90 Fr.
90 Fr. – 30 Fr. = 60 Fr.

2
A 5 + 5 　2A 5 + 5 = 10 **B** 5 + 4 **C** 7 + 3 **D** 6 + 2
　50 + 50 　　50 + 50 = 100 　　50 + 40 　　70 + 30 　　60 + 20
　6 + 4 　　　6 + 4 = 　　　　9 – 4 　　　10 – 3 　　　8 – 4
　60 + 40 　　60 + 40 = 　　　90 – 40 　　100 – 30 　　80 – 40

3

A 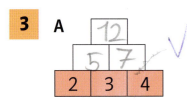 B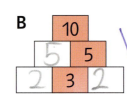

C 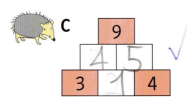 D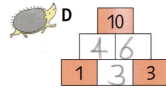

4
A 1 + 1 **B** 2 + 2 **C** 3 + 3 **D** 4 + 4 **E** 4 + 3
　10 + 10 　　20 + 20 　　30 + 30 　　40 + 40 　　40 + 30
　15 + 15 　　25 + 25 　　35 + 35 　　45 + 45 　　45 + 35

5 Löse geschickt.

A 4 + 4 – 4 **B** 5 + 5 – 6 **C** 80 + 40 – 80 **D** 60 + 20 – 60
　40 + 40 – 40 　50 + 50 – 60 　　8 + 4 – 8 　　　6 + 2 – 6
　5 + 4 – 4 　　5 + 6 – 6 　　　80 + 70 – 80 　　60 + 60 – 20
　50 + 40 – 40 　50 + 60 – 60 　　8 + 7 – 8 　　　6 + 6 – 2

1 Analogie des Rechnens mit Zehnern und Einern besprechen.
2–4 Beziehungen zwischen verwandten Aufgaben besprechen.
5 Aufgaben lösen, «ohne zu rechnen».
▶ Arbeitsheft, Seite 18

Verdoppeln

26 + 26

1 Lars zeichnet und spiegelt 26.

Er rechnet 20 + 20 = 40
            6 + 6 = 12
           26 + 26 = 52

Isa legt nochmals so viel Geld.

Sie rechnet 40 + 10 + 2 = 52

2 Zeige oder lege.

A 13 + 13   B 34 + 34   C 24 + 24   D 33 + 33

3 Verdopple.

A 32	B 28	C 37	D 44
30 + 30	20 + 20	30 + 30	40 + 40
2 + 2	8 + 8	7 + 7	4 + 4
32 + 32	28 + 28	37 + 37	44 + 44

4 Verdopple die Zahlen.

A 10, 20, 30, 40, 50   B 5, 15, 25, 35, 45   C 17, 27, 48, 53

D Wähle selbst Zahlen und verdopple sie.

Verdoppeln
Übt immer wieder.

Zehner- oder Fünferzahlen nennen, zeigen oder legen.   Zahl verdoppeln.

1   Zuerst die Aufgabe auf eigenen Wegen rechnen.
    Lösungen besprechen und mit abgebildeten Lösungen vergleichen.
2–4 Aufgabe mit Material legen und rechnen.
 ⚡ Zur Grundlegung und zum Üben evtl. Material verwenden (Rechengeld, Zehnerstreifen, Plättchen).

Rechenwege bei Plusaufgaben 1

1 | 28 | 5 | 40 | 36 | 7 | 50 |

A Wähle immer zwei Zahlen und addiere.
B Was ist einfach, was ist schwieriger?

2 Probiert | 36 | + | 28 |. Vergleicht eure Wege.

3 Wie rechnen diese Kinder?

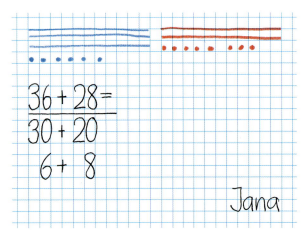

36 + 28 =
30 + 20
6 + 8
Jana

36 + 28 =
36 + 20 + 8
Nico

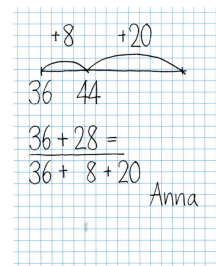

36 + 28 =
36 + 8 + 20
Anna

36 + 28 =
36 + 30 − 2
Carlo

36 + 28 =
34 + 30
Tim

4 Probiere selbst.

A 45 + 36   B 25 + 38   C 57 + 43   D 27 + 47   E 18 + 33

1 Standortbestimmung
2 Zu eigenen Wegen ermutigen.
3 Verschiedene Wege vergleichen und besprechen.
4 Eigene Wege versuchen.

Einfache Plusaufgaben

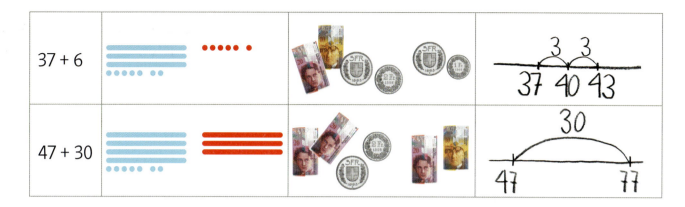

1 Schöne Päckchen. Setze fort.

	A	B	C	D	E	F
	14 + 8 = 22	39 + 9	34 + 10	4 + 90	20 + 10	19 + 80
	25 + 8 = 33	38 + 8	35 + 20	15 + 80	31 + 8	18 + 70
	36 + 8	37 + 7	36 + 30	26 + 70	42 + 6	17 + 60
	47 + 8	36 + 6	37 + 40	37 + 60	53 + 4	16 + 50

2

A	B	C	D	E	F
57 + 2	36 + 8	31 + 6	84 + 10	24 + 24	43 + 40
57 + 3	37 + 7	31 + 60	74 + 20	24 + 6	43 + 4
57 + 4	38 + 6	61 + 3	64 + 30	24 + 7	43 + 7
57 + 5	39 + 5	61 + 30	54 + 40	24 + 70	43 + 8

3

A	B	C	D	E	F
30 + 20	60 + 10	10 + 80	20 + 70	20 + 30	50 + 30
4 + 5	7 + 2	8 + 1	4 + 6	4 + 7	3 + 8
34 + 25	67 + 12	18 + 81	24 + 76	24 + 37	53 + 38

Einfache Plusaufgaben

Übt immer wieder.

Zehner dazu oder Einer dazu: Aufgabe nennen, legen oder zeichnen.   Aufgabe rechnen.

1–3 Einfache Plusaufgaben mündlich rechnen.
Zur Grundlegung und zum Üben evtl. Material oder Rechenstrich verwenden.
▸ Arbeitsheft, Seite 19

Plusaufgaben verändern

1
A 34 + 5 = 39
   34 + 15 = 49
   34 + 25 = 59
   34 + 35 = 69

B 42 + 3 = 45
   42 + 13 = 55
   42 + 23 = 65
   42 + 43 = 85

C 14 + 7 = 21
   14 + 17 = 31
   14 + 27 = 41
   14 + 57 = 71

D 27 + 8 = 35
   27 + 18 = 45
   27 + 38 = 65
   27 + 58 = 85

2
A 5 + 9 = 14
   15 + 9 = 24
   15 + 19 = 34
   25 + 19 = 44

B 14 + 8 = 22
   14 + 18 = 32
   24 + 18 = 42
   24 + 28 = 52

C 37 + 7 = 44
   47 + 7 = 54
   47 + 17 = 64
   47 + 27 = 74

D 52 + 9 = 61
   52 + 19 = 71
   62 + 19 = 81
   62 + 29 = 91

3
A 6 + 7 = 13
   16 + 17 = 33
   26 + 27 = 53
   36 + 37 = 73

B 14 + 4 = 18
   24 + 14 = 38
   34 + 24 = 58
   44 + 34 = 78

C 15 + 9 = 24
   25 + 19 = 54
   35 + 29 = 64
   45 + 39 = 84

D 19 + 6 = 25
   29 + 16 = 45
   39 + 26 =
   49 + 36 =

Was fällt dir auf?

4 Hüpf im Päckchen!
Rechne immer mit dem Ergebnis weiter.

A 17 + 20 = 37
   42 + 9 =
   72 + 5 =
   37 + 5 = 42
   51 + 21 =
      77 Ziel

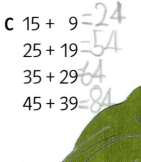

B 36 + 5
   61 + 9
   41 + 20
   78 + 10
   70 + 8
      88 Ziel

C 19 + 9
   43 + 6
   36 + 7
   49 + 50
   28 + 8
      99 Ziel

5
A 28 + 30
   28 + 30 − 1
   28 + 29
   38 + 29
   48 + 29

B 29 + 30
   29 + 30 − 2
   29 + 28
   29 + 18
   39 + 18

C 37 + 40
   37 + 40 − 1
   37 + 39
   38 + 38
   28 + 48

D 56 + 40
   56 + 40 − 2
   56 + 38
   57 + 37
   47 + 47

1–3 Mündlich lösen. Zusammenhänge zwischen den Aufgaben erkennen und evtl. begründen.
4 Übungsformat «Hüpf im Päckchen» erklären: Das Ergebnis einer Aufgabe ist die erste Zahl der nächsten Aufgabe, das Ergebnis der letzten Aufgabe ist die Zielzahl.
5 Zusammenhänge zwischen den Aufgaben erkennen.
▶ Arbeitsheft, Seite 20–21

Tauschaufgaben

1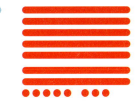

14 + 78 =   78 + 14 =

2 Welche Aufgaben findest du leichter?

49 + 2	oder	2 + 49
48 + 3	oder	3 + 48
5 + 46	oder	46 + 5
6 + 45	oder	45 + 6

3
2 + 98   67 + 12
87 + 3   13 + 67
4 + 76   67 + 14
5 + 65   15 + 67
54 + 6   17 + 67

4
24 + 16   34 + 50
22 + 18   38 + 46
20 + 20   42 + 42
18 + 22   46 + 38
16 + 24   50 + 34

5
29 + 41   33 + 61
32 + 38   40 + 54
35 + 35   47 + 47
38 + 32   54 + 40
41 + 29   61 + 33

6
86 Fr. + 12 Fr.
66 Fr. + 32 Fr.
46 Fr. + 52 Fr.
26 Fr. + 72 Fr.
6 Fr. + 92 Fr.

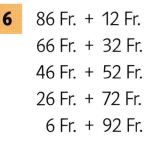  

7 A   B   C

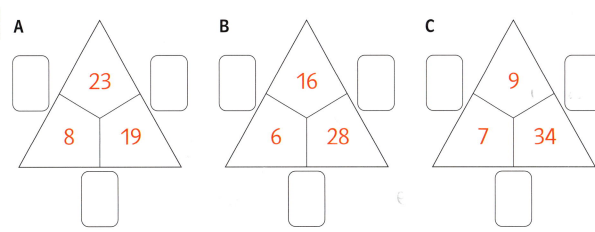

8 Addiere die 3 Zahlen innen, die 3 Zahlen aussen. Was stellst du fest?

1–6 Tauschaufgaben, operative Übungen
7 Rechendreiecke als Übungsformat   ▶ Kopiervorlage
8 Beziehungen zwischen Innen- und Aussensummen erkennen.
▶ Arbeitsheft, Seite 20–21

Würfel

1 Bastelanleitung für Würfel.

A Nimm zwei Papierstreifen von 40 cm Länge und 5 cm Breite.

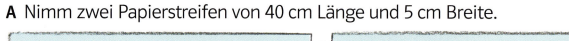

B Halbiere jeden Streifen 3-mal. Du erhältst:

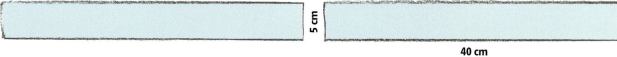

C Schneide so:

D Falte.   E Klebe.   F Füge ineinander.

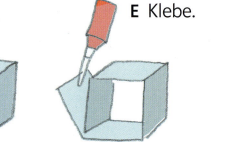 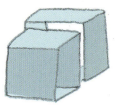 

2 Wie viele?

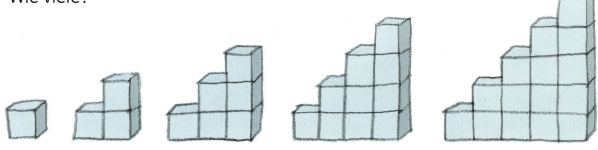

3 Wie viele?   Wie viele sind es zusammen?

   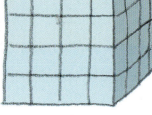

42
1 Würfel herstellen.
2–3 Mit kleinen Würfeln Treppen und grössere Würfel bauen und zählen.

Quader

1

2 Finde Quader in der Umwelt.

3 **A** Wie viele Bausteine sind in jeder Mauer?

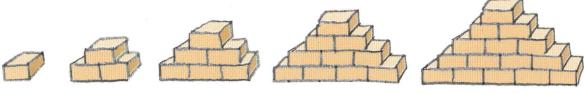

B Wie viele sind es zusammen?
C Wie viele benötigst du für eine 10-stöckige Mauer? Überlege.

4 **A** Wie viele Bausteine sind in jedem Turm?

B Wie viele sind es zusammen?
C Wie viele benötigst du für einen 10-stöckigen Turm? Überlege.

1 Herstellung und Verwendung von Ziegelsteinen (Quadern) besprechen.
2 Quader in der Umwelt suchen, Eigenschaften beschreiben.
3–4 Aus Quadern (Bauklötzen, Streichholzschachteln o. Ä.) Bauwerke nachbauen und Anzahlen bestimmen. Dabei Strukturen benutzen.

Rechenwege bei Minusaufgaben 1

1 ⟨15⟩ ⟨72⟩ ⟨8⟩ ⟨30⟩ ⟨47⟩

A Wähle immer zwei Zahlen und berechne den Unterschied.

B Was ist einfach, was ist schwieriger?

2 Probiert ⟨72⟩ – ⟨47⟩. Vergleicht eure Wege.

3 Wie rechnen diese Kinder?

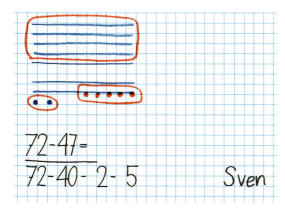
Sven

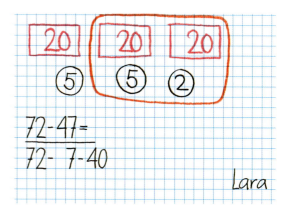
Lara

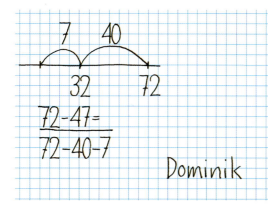
Dominik

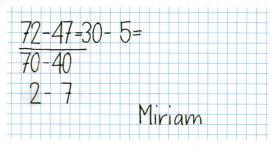
Miriam

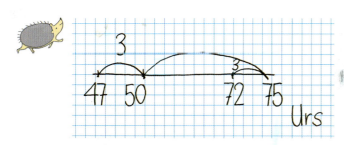
Urs

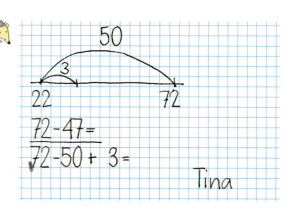
Tina

4 Probiere selbst.

A 48 – 25   B 66 – 41   C 39 – 27   D 53 – 27   E 37 – 29

44
1 Standortbestimmung
2 Zu eigenen Wegen ermutigen.
3 Verschiedene Wege vergleichen und besprechen.
4 Eigene Wege versuchen.

Einfache Minusaufgaben

1 Schöne Päckchen.

A 41 – 30 = 11	B 98 – 10 = 88	C 55 – 10	D 90 – 9	E 100 – 1
52 – 30 = 22	97 – 20 = 77	64 – 30	80 – 8	90 – 2
63 – 30 = 33	96 – 30 = 66	73 – 50	70 – 7	80 – 3
74 – 30 = 44	95 – 40 = 55	82 – 70	60 – 6	70 – 4
85 – 30 = 55	94 – 50 = 44	91 – 90	50 – 5	60 – 5

Kannst du die Päckchen fortsetzen?

2

A 87 – 10	B 65 – 30	C 43 – 40	D 57 – 5	E 34 – 4
87 – 80	66 – 30	43 – 4	57 – 6	34 – 5
87 – 7	65 – 3	42 – 4	57 – 7	34 – 10
87 – 8	66 – 3	42 – 40	57 – 8	34 – 20
87 – 70	66 – 65	43 – 42	57 – 9	34 – 21

Einfache Minusaufgaben Übt immer wieder.

Zehner weg oder Einer weg: Aufgabe nennen, legen oder zeichnen. Aufgabe rechnen.

1–2 Einfache Minusaufgaben rechnen, evtl. mit Material legen oder zeichnen.
Zur Grundlegung und zum Üben evtl. Material verwenden (Rechengeld, Zehnerstreifen).
▶ Arbeitsheft, Seite 22

Minusaufgaben verändern

1
A	B	C	D
68 − 5	79 − 7	55 − 6	83 − 9
68 − 15	79 − 17	55 − 16	83 − 29
68 − 25	79 − 27	55 − 26	83 − 49
68 − 35	79 − 37	55 − 36	83 − 69

2
A	B	C	D
36 − 4	54 − 5	62 − 8	91 − 2
46 − 4	54 − 15	72 − 8	91 − 12
46 − 14	44 − 15	72 − 18	81 − 12
56 − 14	34 − 15	62 − 18	71 − 12

3
A	B	C	D
65 − 7	43 − 9	54 − 5	27 − 8
75 − 17	53 − 19	64 − 15	37 − 18
85 − 27	63 − 29	74 − 25	47 − 28
95 − 37	73 − 39	84 − 35	57 − 38

Was fällt dir auf?

4 Hüpf im Päckchen!
Rechne immer mit dem Ergebnis weiter.

A 60 − 6 = 54

48 − 6 = 42
36 − 6 = 30
54 − 6 = 48
42 − 6 = 36
30 Ziel

B 70 − 7 = 63
56 − 7 = 49
42 − 7 = 35
63 − 7 = 56
49 − 7 = 42
35 Ziel

C 85 − 20 = 65
39 − 9 = 30
54 − 8 = 46
65 − 11 = 56
46 − 7 = 39
30 Ziel

5
A	B	C	D
68 − 30 = 28	94 − 40 = 44	87 − 60 = 27	71 − 50 = 21
68 − 30 − 1 = 27	94 − 40 − 1 = 43	87 − 60 − 2 = 25	71 − 50 − 2 = 19
68 − 31 = 27	94 − 41 = 43	87 − 62 = 25	71 − 52 = 19

6
A	B	C	D
35 − 10 = 25	57 − 20	64 − 30	42 − 20
35 − 10 + 1 = 26	57 − 20 + 1	64 − 30 + 2	42 − 20 + 2
35 − 9 = 26	57 − 19	64 − 28	42 − 18

1−3 Mündlich lösen. Zusammenhänge zwischen den Aufgaben erkennen und evtl. begründen.
4 Evtl. Übungsformat «Hüpf im Päckchen» noch einmal erklären.
5−6 Zusammenhänge zwischen den Aufgaben erkennen.
▶ Arbeitsheft, Seite 23

Minusaufgaben durch Ergänzen lösen

1 Wie rechnen die Kinder?

2 Löse durch Ergänzen.

A	B	C	D	E
63 − 56 = 7	92 − 83 = 9	100 − 81 = 19	55 − 45 = 10	90 − 81 = 9
56 − 49 = 7	83 − 75 = 8	81 − 64 = 17	45 − 36 = 9	81 − 72 = 9
49 − 42 = 7	75 − 68 = 7	64 − 49 = 15	36 − 28 = 8	72 − 63 = 9
42 − 35 = 7	68 − 62 = 6	49 − 36 = 13	28 − 21 = 7	63 − 54 = 9
35 − 28 = 7	62 − 57 = 5	36 − 25 = 11	21 − 15 = 6	54 − 45 = 9

3

Pyramide 1: 50 / 28, 32 / 20, 8, 24 / 15, 5, 3, 21

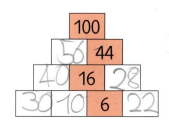

Pyramide 2: 100 / 56, 44 / 40, 16, 28 / 30, 10, 6, 22

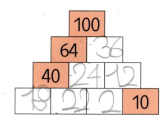

Pyramide 3: 100 / 64, 36 / 40, 24, 12 / 18, 22, 2, 10

4 < oder = oder >?

A	B	C	D
100 − 51 < 50	75 − 49 25	100 − 25 75	100 − 1 100
100 − 49 50	75 − 50 25	100 − 27 75	100 − 0 100
100 − 50 50	75 − 52 25	100 − 23 75	101 − 10 100

5 Hüpf im Päckchen! Rechne immer mit dem Ergebnis weiter.

A	B	C	D
72 − 64 = 8	54 − 48 = 6	91 − 80 = 11	37 − 28 =
39 − 28 = 11	9 − 9 = 0	81 − 77 = 4	53 − 7 =
8 + 40 = 48	66 − 49 = 17	47 − 44 = 3	39 − 36 =
11 + 11 = 22	6 + 60 = 66	11 + 70 = 81	9 + 30 =
48 − 9 = 39	17 − 8 = 9	4 + 43 = 47	3 + 50 =
22 Ziel	0 Ziel	3 Ziel	46 Ziel

1–5 Ergänzen als sinnvolle Strategie bei kleinem Unterschied der Zahlen besprechen.
4 Evtl. darauf hinweisen, dass nicht immer gerechnet werden muss.
▶ Arbeitsheft, Seite 23

Plus oder Minus

1 40 − 7

40 − 7 = 33
33 + 7 = 40

33 + 7

2
| 64 − 33 = … | 64 − 50 = … | 64 − 49 = … | 64 − 53 = … | 64 − 61 = … |
| … + 33 = 64 | … + 50 = … | … + 49 = … | … + 53 = … | … + 61 = … |

3
| 23 + 22 = … | 20 + 34 = … | 51 + 15 = … | 14 + 30 = … | 47 + 52 = … |
| 45 − 22 = … | … − 34 = 20 | … − 15 = 51 | … − 30 = 14 | … − 52 = 47 |

4

26 − 5   26 + 5

5
| 27 + 5 | 35 + 5 | 63 + 5 | 76 + 5 | 88 + 5 |
| 27 − 5 | 35 − 5 | 63 − 5 | 76 − 5 | 88 − 5 |

Rechne + 5 und − 5 mit eigenen Zahlen.

52 57 62 (5, 5)

6
| 27 + 4 | 35 + 4 | 63 + 4 | 76 + 4 | 88 + 4 |
| 27 − 6 | 35 − 6 | 63 − 6 | 76 − 6 | 88 − 6 |

Rechne + 4 und − 6 mit eigenen Zahlen.

7
| 65 + 11 | 70 + 11 | 49 + 11 | 33 + 11 | 88 + 11 |
| 65 − 9 | 70 − 9 | 49 − 9 | 33 − 9 | 88 − 9 |

Rechne + 11 und − 9 mit eigenen Zahlen. Was fällt dir auf?

1–3 Umkehraufgaben lösen.
4–7 Addieren und Subtrahieren an der Zahlenreihe oder am Rechenstrich.
▶ Arbeitsheft, Seite 24–25

Halbieren

$$64 = \ldots + \ldots$$

1 Isa legt die Aufgabe mit Geld.

Sie wechselt.

Sie berechnet die Hälfte.
20 + 10 + 2 = 32

Lars legt die Aufgabe mit Plättchen.

Er teilt gerecht auf.
60 = 30 + 30
 4 = 2 + 2
64 = 32 + 32

2 Halbiere.

A 24   B 28   C 46   D 60   E 52

3
A 30	3A 30 = 15 + 15	B 40	C 50	D 60
8	8 = 4 + 4	8	6	6
38	38 = 19 + 19	48	56	66

4 A Halbiere die Zehnerzahlen 10, 20, 30, …, 100. Was fällt dir auf?
B Halbiere auch 74, 82, 94, 62, 106.
C Wähle selbst Zahlen und halbiere sie.

5 Kannst du auch schon grössere Zahlen halbieren? 120, 140, 110, 130

 Halbieren
Übt immer wieder.

1 Zuerst die Zahl auf eigenen Wegen halbieren.
Lösungen besprechen und mit abgebildeten Lösungen vergleichen.
2 Aufgaben zum Halbieren
3–5 Im Heft rechnen.
⚡ Zur Grundlegung und zum Üben evtl. Material verwenden (Rechengeld, Zehnerstreifen).

Rechnen mit Geld

1 Olga hat … Franken.

Sie kauft.

Wie viel Franken hat Olga noch?

Olga hat 30 Fr.
Sie bezahlt 15 Fr.
Sie hat noch

2 Lars hat … Franken.

Er kauft.

Wie viel Franken hat Lars noch?

3 Herr Fink hat … Franken.

Er kauft.

Wie viel Franken hat Herr Fink noch?

1–3 Preise im Bild ablesen. Aufgaben mit Rechengeld lösen.

Die Tasche kostet 25 Franken.
Die Kundin gibt 40 Franken.
Die Verkäuferin zählt: «25, 30, 40 Franken.»
Sie gibt 15 Franken zurück.

Tasche	25 Fr.
gegeben	40 Fr.
zurück	15 Fr.

4 Lege und zähle wie die Verkäuferin.

A Ball	12 Fr.
gegeben	20 Fr.
zurück	8

4A Ball	12 Fr.
gegeben	20 Fr.
zurück	8 Fr.

B Tennisschläger	89 Fr.
gegeben	100 Fr.
zurück	

5

A Rucksack	
gegeben	20 Fr.
zurück	

B Windjacke	
gegeben	70 Fr.
zurück	

C Skateboard	
gegeben	50 Fr.
zurück	

6

A Badeanzug	
gegeben	50 Fr.
zurück	

B Badesandalen	
gegeben	50 Fr.
zurück	

C Badehose	
gegeben	50 Fr.
zurück	

Zerlegen
Übt immer wieder.

Zehnerzahlen wählen, zerlegen.   Plusaufgaben nennen.

4–6 Preise im Bild ablesen. Aufgaben mit Rechengeld lösen. Kassenbon besprechen.
⚡ Zur Grundlegung und zum Üben aufgeklappte Umschlagseite des Arbeitsheftes verwenden. Analog auch andere Zehnerzahlen zerlegen.
▶ Arbeitsheft, Seite 26

Tag und Stunden

1

A Zähle die Stunden von 8 Uhr morgens bis 8 Uhr abends.
B Zähle die Stunden von 8 Uhr abends bis 8 Uhr morgens.

> Ein Tag hat 24 Stunden. Er beginnt um Mitternacht (0 Uhr).

2 Wie spät ist es?

A

B 5 Uhr / 17 Uhr

C 3 Uhr / 15 Uhr

D 4 Uhr / 16 Uhr

E 6 Uhr / 18 Uhr

F 11 Uhr / 23 Uhr

G 7 Uhr / 19 Uhr

2A 1 Uhr
13 Uhr

3 Lies die Uhrzeit und stelle deine Uhr.

A 6:00   B 9:00   C 10:00
D 14:00 E 5:00   F 21:00

4 Es ist jetzt 12.00 Uhr.

Wie spät ist es
A in einer Stunde?
B in fünf Stunden?

Wie spät war es
C vor einer Stunde?
D vor fünf Stunden?

5 Wie viele Stunden hat Dr. Heusser Sprechstunde?

A am Montag 10
B am Dienstag 4
C am Mittwoch 9
D in der Woche 27

Zahnärztin Dr. med. Sabine Heusser

Mo	Di	Mi	Do	Fr
8 – 12	8 – 12	8 – 12	8 – 14	8 – 12
14 – 20		14 – 19		

1–3 Uhrzeiten lesen, einstellen. Selbst Aufgaben finden. ▶ Kopiervorlage
4–5 Zeitpunkt und Zeitdauer bestimmen.
▶ Arbeitsheft, Seite 27

Stunden und Minuten

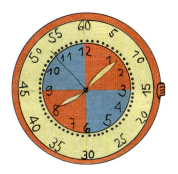

> Eine Stunde hat 60 Minuten.
> **1 h = 60 min**
> Eine halbe Stunde hat 30 Minuten.
> Eine Viertelstunde hat 15 Minuten.

1 Wie spät ist es?

A 1A 7.15 Uhr
       19.15 Uhr

B C D E

F G H I J K

2 Lies die Uhrzeit.

A 9:30   B 12:15   C 16:45   D 21:30   E 15:15   F 0:45

3 A Kannst du eine Minute auf einem Bein stehen?
B Schliesse die Augen. Kannst du jetzt eine Minute auf einem Bein stehen?

4 Es ist jetzt 11.30 Uhr.
Wie spät ist es

A in einer Stunde?
B in fünf Stunden?
C in einer Viertelstunde?
D in einer halben Stunde?

5 Es ist jetzt 13.30 Uhr.
Wie spät war es

A vor einer Stunde?
B vor zwei Stunden?
C vor einer Viertelstunde?
D vor 45 Minuten?

6 Der Schulbus fährt morgens um 7.15 Uhr ab und kommt um 7.38 Uhr bei der Schule an.

7 Die Reise zum Ferienort begann morgens um 6 Uhr und endete abends um 7 Uhr.

Abkürzung h für Stunde und min für Minute kennen lernen.
1–2 Uhrzeiten lesen, evtl. an der Lernuhr einstellen. Selbst Aufgaben finden.   ▶ Kopiervorlage
3 Experimente zur Erfahrung von Zeitdauer machen.
4–5 Zeitpunkte berechnen.   **6–7** Zeitdauer berechnen.
▶ Arbeitsheft, Seite 28–29

Zeichnen und messen

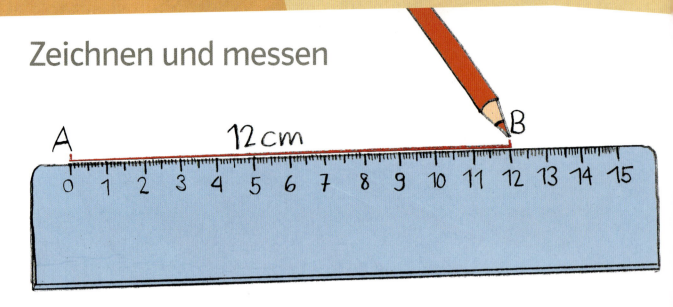

1 Zeichne Strecken von 3 cm, 5 cm, 6 cm und 9 cm Länge.

2 Miss die farbigen Strecken in der Figur.

$\overline{AB}$ = … cm
$\overline{EF}$ = … cm
$\overline{AC}$ = … cm
$\overline{EG}$ = … cm

$\overline{AB}$ = 8 cm
$\overline{EF}$ =

Was fällt dir auf?

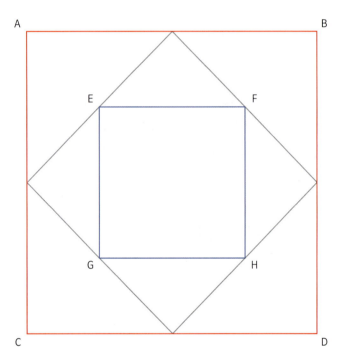

3 Miss die farbigen Strecken in der Figur.

$\overline{AB}$ = … cm
$\overline{CB}$ = … cm
$\overline{AC}$ = … cm
$\overline{DE}$ = … cm
$\overline{DF}$ = … cm
$\overline{FE}$ = … cm

$\overline{AB}$ = 5 cm
$\overline{CB}$ =

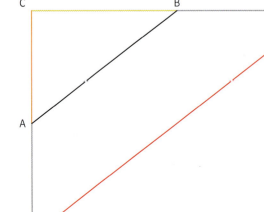

54
1 Strecken zeichnen.
2–3 Strecken messen und vergleichen.

Längen vergleichen und berechnen

1 Unterschiedlich hoch

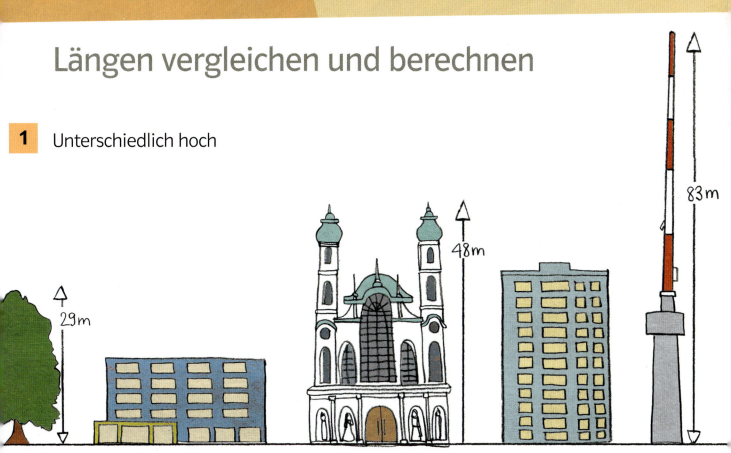

A Der Sendemast ist höher als der Baum. Wie viele Meter?
B Der Baum ist niedriger als die Kirche. Wie viele Meter?
C Das Hochhaus ist 13 Meter niedriger als die Kirche. Wie hoch?
D Die Schule ist 11 Meter niedriger als der Baum. Wie hoch?

2 Vanessa springt 76 cm hoch.
So hoch springen ihre Freunde.

Lisa	Joël	Kyra	Luca
72 cm	63 cm	59 cm	66 cm

A Wie viele Zentimeter springt Vanessa höher als die anderen?
B Wie viele Zentimeter springt Lisa höher als die anderen?

1 Höhen vergleichen, Unterschiede in Meter berechnen.
2 Höhen vergleichen, Unterschiede in Zentimeter berechnen.

Formen zeichnen

1 Zeichne kleine und grosse Kreise.

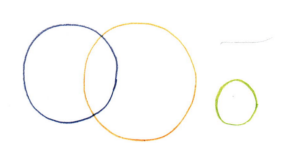

2 Zeichne Kreisringe.

3 Zeichne Kreismuster.

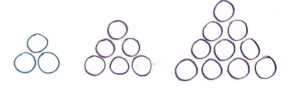

4 Zeichne kleine und grosse Quadrate.

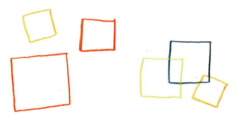

5 Zeichne Schnecken.

6 Zeichne Karomuster.

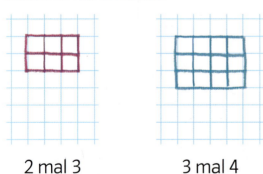

2 mal 3   3 mal 4   5 mal 3   4 mal 5

7 Zeichne und rechne Zahlenmauern.

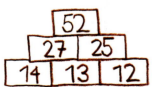

8 Kannst du eine Hundertertafel zeichnen?

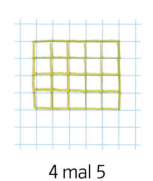

1–5 Formen freihand auf weisses Papier zeichnen.
6–8 Formen freihand auf kariertes Papier zeichnen.

Ornamente zeichnen

Thomas Locher: 1–11, 1983

Verena Loewensberg, 1950

Male selbst ein Bild mit Formen, Farben und Zahlen.

1–8   Formen freihand auf kariertes Papier zeichnen.
9–10 Formen freihand auf weisses Papier zeichnen.
11   Über Bilder sprechen. Eigene Bilder aus Formen, Farben und Zahlen malen.

Malaufgaben in der Umwelt

1

2 + 2 + 2 = 6
3 mal 2 = 6
3 · 2 = 6

4 + 4 + 4 + 4 = …
4 mal 4 = …
4 · 4 = …

5 + 5 + 5 = …
3 mal 5 = …
3 · 5 = …

2 Schreibe Rechnungen zum Bild.

3 Suche im Bild 2 · 4 und 2 · 3.

4 Erfinde selbst Aufgaben zu eurer Küche.

5 Lege mit Plättchen. Rechne.
3 · 5   3 · 7   4 · 2   2 · 6

6 Zeichne ins Heft. Rechne.
7 · 2   1 · 9   3 · 6   4 · 3

1 Zur Situation erzählen, zum Bild Malaufgaben finden und rechnen.
2–6 Aufgaben legen und zeichnen.

7

8 Lege, rechne.

A 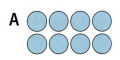 B ●●●/●●●/●●● C ○○○○○/○○○○○ D ●●●●/●●●●/●●●●

A	B	C	D
4 + 4	3 + 3 + 3	5 + 5	4 + 4 + 4
2 · 4	3 · 3	... · ...	... · ...
2 + 2 + 2 + 2		2 + 2 + 2 + 2 + 2	3 + 3 + 3 + 3
4 · 2		... · ...	... · ...

9 Lege, zeichne, rechne.

A 3 · 2   2 · 5   4 · 2   3 · 5   B 6 · 4   2 · 10   2 · 8   6 · 5

7 Zum Bild Malaufgaben finden.
8–9 Aufgaben mit Plättchen legen, Felder zeichnen, Malaufgaben schreiben und rechnen.
▶ Arbeitsheft, Seite 30

Malaufgaben am Hunderfeld

1   **A**   Lege mit Plättchen nach.

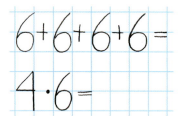
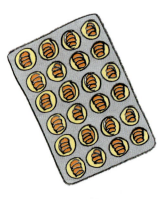
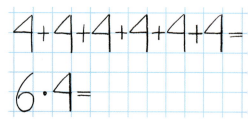

B   Wie viele Fenster?

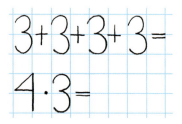
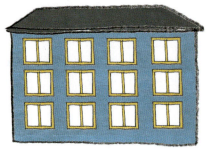
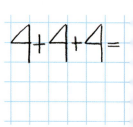

C   Wie viele Karten?
Lege mit Plättchen nach.

D   Wie viele Flaschen?

2   Schreibe passende Malaufgaben.

A 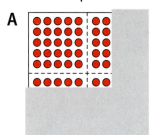   **B** 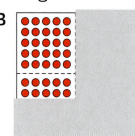   **C** 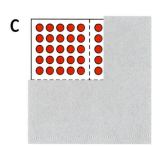   **D**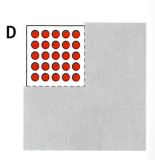

3   Zeige mit dem Malwinkel.

    A   9 · 2   **B**   8 · 6   **C**   9 · 5   **D**   4 · 10

        2 · 9   6 · 8   5 · 9   10 · 4

4   Zeige mit dem Malwinkel und schreibe die Tauschaufgabe.

    A   3 · 8   **B**   5 · 10   **C**   4 · 5   **D**   7 · 7

---

1 Situationen mit Wendeplättchen nachlegen und am Hunderterfeld zeigen.
2–4 Malaufgaben am Hunderterfeld zeigen. Tauschaufgaben erkennen.

5 $7 \cdot 8 = 8 \cdot 7$

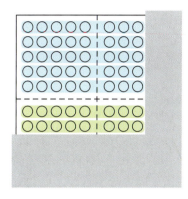

Nina rechnet:
40 + 16

Mara rechnet:
35 + 21

Ali rechnet:
25 + 10 + 15 + 6

6 Wie rechnest du?

A    B 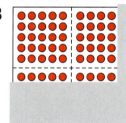   C    D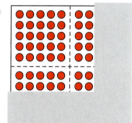

7 Zeige mit dem Malwinkel und rechne.

A	5 · 9	B	10 · 8	C	1 · 6	D	5 · 7
	6 · 9		9 · 8		2 · 6		4 · 7
	4 · 9		8 · 8		3 · 6		6 · 7

E	10 · 6	F	10 · 4	G	10 · 3	H	10 · 7
	5 · 6		5 · 4		5 · 3		5 · 7
	4 · 6		6 · 4		4 · 3		6 · 7

8 Verdoppeln.

A	1 · 8	B	2 · 3	C	1 · 7	D	2 · 5
	2 · 8		4 · 3		2 · 7		4 · 5
	4 · 8		8 · 3		4 · 7		8 · 5

5–8 Malaufgaben am Hunderterfeld lösen.
Arbeitsheft, Seite 31

Kernaufgaben am Hunderterfeld

1    2 · 9

   9 · 2

> 2 mal und mal 2 sind Verdopplungsaufgaben.

2 Zeige und rechne.

A	2 · 5	2 · 6	2 · 4	B	10 · 2	7 · 2	8 · 2
	5 · 2	6 · 2	4 · 2		2 · 10	2 · 7	2 · 8

3 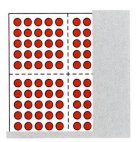   10 · 7

   7 · 10

> Bei 10 mal und mal 10 werden aus Einern Zehner.

4 Zeige und rechne.

A	10 · 4	10 · 6	10 · 9	B	2 · 10	5 · 10	7 · 10
	4 · 10	6 · 10	9 · 10		10 · 2	10 · 5	10 · 7

5 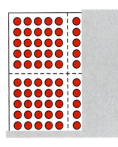   10 · 6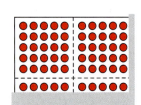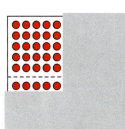

   5 · 6

> 5 mal ist die Hälfte von 10 mal.

6 Rechne die Kernaufgaben.

A	1 · 2	1 · 3	1 · 4	1 · 5	1 · 6	1 · 7	1 · 8	1 · 9
	2 · 2	2 · 3	2 · 4	2 · 5	2 · 6	2 · 7	2 · 8	2 · 9
	5 · 2	5 · 3	5 · 4	5 · 5	5 · 6	5 · 7	5 · 8	5 · 9
	10 · 2	10 · 3	10 · 4	10 · 5	10 · 6	10 · 7	10 · 8	10 · 9

1–2 Malaufgaben mit 2 am Hunderterfeld zeigen und rechnen.
3–5 Malaufgaben mit 5 und mit 10.
6 Kurze Reihen (1 mal, 2 mal, 5 mal, 10 mal) berechnen.

Von Kernaufgaben zu weiteren Malaufgaben

1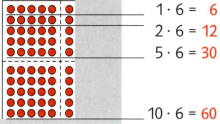
1 · 6 = 6
2 · 6 = 12
5 · 6 = 30
10 · 6 = 60

Erkläre und rechne aus.

A 3 · 6 = 12 + 6
   4 · 6 = 12 + 12
   6 · 6 = 30 + 6

B 7 · 6 = 30 + 12
   8 · 6 = 60 − 12
   9 · 6 = 60 − 6

1 A 3 · 6 = 18
     4 · 6 =

2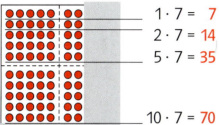
1 · 7 = 7
2 · 7 = 14
5 · 7 = 35
10 · 7 = 70

Erkläre und rechne aus.

A 3 · 7 = 14 + 7
   4 · 7 = 14 + 14
   6 · 7 = 35 + 7

B 7 · 7 = 35 + 14
   8 · 7 = 70 − 14
   9 · 7 = 70 − 7

3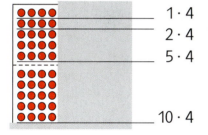
1 · 4
2 · 4
5 · 4
10 · 4

A 3 · 4
   4 · 4
   6 · 4

B 7 · 4
   8 · 4
   9 · 4

3 A 3 · 4 = 12
     4 · 4 =
     6 · 4 =

4
1 · 5   3 · 5   7 · 5
2 · 5   4 · 5   8 · 5
5 · 5   6 · 5   9 · 5
10 · 5

5
1 · 8   3 · 8   7 · 8
2 · 8   4 · 8   8 · 8
5 · 8   6 · 8   9 · 8
10 · 8

⚡ **Kernaufgaben am Feld**
Übt immer wieder.

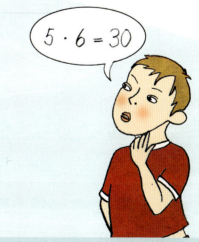

Reihe festlegen. Malaufgabe zeigen.   Aufgabe nennen und rechnen.

1–5 Aus den Kernaufgaben die übrigen Malaufgaben berechnen.
Zum Beispiel: 3 Sechser = 2 Sechser + 1 Sechser, also 3 · 6 = 12 + 6 = 18.
⚡ Zur Grundlegung und zum Üben aufgeklappte Umschlagseite des Arbeitsheftes verwenden.

Zweier-, Fünfer-, Zehnerreihe

1 (·2)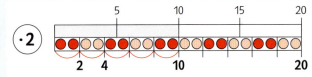

A Die Löwin springt 5-mal.   5 · 2 = **10**
Spring wie die Löwin in Zweiersprüngen.
Lies ab: 2 · 2   4 · 2   6 · 2   8 · 2   10 · 2

B Die Löwin springt auf die 6.   6 = **3** · 2
Lies ab: 10 = 5 · 2   14 = 7 · 2   18 = 9 · 2   2 = 1 · 2   20 = 10 · 2
4 = 2 · 2   8 = 4 · 2   12 = 6 · 2   16 = 8 · 2

2 (·5)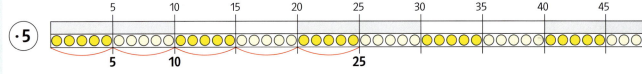

A Der Hirsch springt 5-mal.   5 · 5 = **25**
Spring wie der Hirsch in Fünfersprüngen.
Lies ab: 2 · 5   4 · 5   6 · 5   8 · 5   10 · 5

B Der Hirsch springt auf die 20.   20 = **4** · 5
Lies ab: 5 = 1 · 5   15 = 3 · 5   25 = 5 · 5   35 = 7 · 5   45 = 9 · 5
10 = 2 · 5   30 = 6 · 5   40 = 8 · 5   50 = 10 · 5

3 (·10)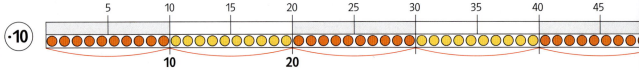

A Der Springhase springt 5-mal.   5 · 10 = **50**
Spring wie der Springhase in Zehnersprüngen.
Lies ab: 1 · 10   3 · 10   5 · 10   7 · 10   9 · 10

B Der Springhase springt auf die 60.   60 = **6** · 10
Lies ab: 10 = 1 · 10   30 = 3 · 10   50 = 5 · 10   70 = 7 · 10   90 = 9 · 10
20 = 2 · 10   40 = 4 · 10   80 = 8 · 10   100 = 10 · 10

4 Alle Tiere springen 2-mal. Wo landen sie?

1–3 Kernaufgaben lernen, Nachbaraufgaben erschliessen.

MERKAUFGABEN

1 · 2 = 2
2 · 2 = 4
5 · 2 = 10
10 · 2 = 20

5 · 2   **2 · 2**   0 · 2
4 · 2   3 · 2   1 · 2
                              2 · 2
                              3 · 2
                              4 · 2
5 · 2   **10 · 2**   5 · 2
6 · 2   9 · 2   6 · 2
                              7 · 2
                              8 · 2
5 · 2   **10 · 2**   9 · 2
7 · 2   8 · 2   10 · 2

MERKAUFGABEN

1 · 5 = 5
2 · 5 = 10
5 · 5 = 25
10 · 5 = 50

5 · 5   **2 · 5**   0 · 5
4 · 5   3 · 5   1 · 5
                              2 · 5
                              3 · 5
                              4 · 5
5 · 5   **10 · 5**   5 · 5
6 · 5   9 · 5   6 · 5
                              7 · 5
                              8 · 5
5 · 5   **10 · 5**   9 · 5
7 · 5   8 · 5   10 · 5

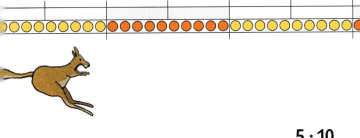

100

MERKAUFGABEN

1 · 10 = 10
2 · 10 = 20
5 · 10 = 50
10 · 10 = 100

5 · 10   **2 · 10**   0 · 10
4 · 10   3 · 10   1 · 10
                              2 · 10
                              3 · 10
                              4 · 10
5 · 10   **10 · 10**   5 · 10
6 · 10   9 · 10   6 · 10
                              7 · 10
                              8 · 10
5 · 10   **10 · 10**   9 · 10
7 · 10   8 · 10   10 · 10

1–3 Kernaufgaben lernen, Nachbaraufgaben erschliessen.
▶ Arbeitsheft, Seite 32–33

Dreier-, Sechser-, Neunerreihe

1 ·3

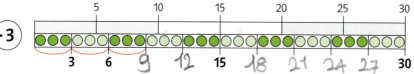 

3 6 9 12 15 18 21 24 27 30

A Der Tiger springt 3-mal.   3 · 3 = 9
Spring wie der Tiger in Dreiersprüngen.
Lies ab: 2 · 3   4 · 3   6 · 3   7 · 3   9 · 3

B Der Tiger springt auf die 18.   18 = 6 · 3
Lies ab: 3 = 1 · 3   9 = 3 · 3   15 = 5 · 3   21 = 7 · 3   27 = 9 · 3
6 = 2 · 3   12 = 4 · 3   24 = 8 · 3   30 = 10 · 3

2 ·6

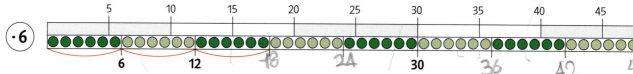

6   12   18   24   30   36   42

A Der Rennkuckuck springt 3-mal.   3 · 6 = 18
Spring wie der Rennkuckuck in Sechsersprüngen.
Lies ab: 1 · 6   2 · 6   4 · 6   6 · 6   8 · 6

B Der Rennkuckuck springt auf die 24.   24 = 4 · 6
Lies ab: 6 = 1 · 6   12 = 2 · 6   30 = 5 · 6   42 = 7 · 6   48 = 8 · 6
18 = 3 · 6   36 = 6 · 6   54 = 9 · 6   60 = 10 · 6

3 ·9

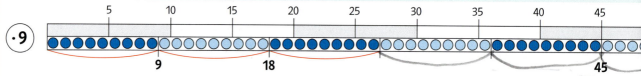

9   18   45

A Der Ochsenfrosch springt 3-mal.   3 · 9 = 27
Spring wie der Ochsenfrosch in Neunersprüngen.
Lies ab: 1 · 9   3 · 9   5 · 9   7 · 9   9 · 9

B Der Ochsenfrosch springt auf die 72.   72 = 8 · 9
Lies ab: 9 = 1 · 9   18 = 2 · 9   45 = 5 · 9   54 = 6 · 9   81 = 9 · 9
27 = 3 · 9   36 = 4 · 9   63 = 7 · 9   90 = 10 · 9

4 Alle Tiere springen 5-mal. Wo landen sie?

MERKAUFGABEN

1 · 3 = 3
2 · 3 = 6
5 · 3 = 15
10 · 3 = 30

5 · 3	2 · 3
4 · 3	3 · 3
5 · 3	10 · 3
6 · 3	9 · 3
5 · 3	10 · 3
7 · 3	8 · 3

0 · 3
1 · 3
2 · 3
3 · 3
4 · 3
5 · 3
6 · 3
7 · 3
8 · 3
9 · 3
10 · 3

MERKAUFGABEN

1 · 6 = 6
2 · 6 = 12
5 · 6 = 30
10 · 6 = 60

5 · 6	2 · 6
4 · 6	3 · 6
5 · 6	10 · 6
6 · 6	9 · 6
5 · 6	10 · 6
7 · 6	8 · 6

0 · 6
1 · 6
2 · 6
3 · 6
4 · 6
5 · 6
6 · 6
7 · 6
8 · 6
9 · 6
10 · 6

MERKAUFGABEN

1 · 9 = 9
2 · 9 = 18
5 · 9 = 45
10 · 9 = 90

5 · 9	2 · 9
4 · 9	3 · 9
5 · 9	10 · 9
6 · 9	9 · 9
5 · 9	10 · 9
7 · 9	8 · 9

0 · 9
1 · 9
2 · 9
3 · 9
4 · 9
5 · 9
6 · 9
7 · 9
8 · 9
9 · 9
10 · 9

1–3 Kernaufgaben lernen, Nachbaraufgaben erschliessen.
▸ Arbeitsheft, Seite 34–35

Vierer-, Achter-, Siebnerreihe

1 (·4)

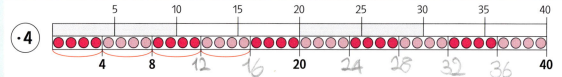

4 8 12 16 20 24 28 32 36 40

A Der Fuchs springt 4-mal. 4·4 = 16
Spring wie der Fuchs in Vierersprüngen.
Lies ab: 1·4   3·4   5·4   7·4   9·4

B Der Fuchs springt auf die 32. 32 = 8·4
Lies ab: 4 = 1·4   8 = 2·4   16 = 4·4   28 = 7·4   36 = 9·4
12 = 3·4   20 = 5·4   24 = 6·4   40 = 10·4

2 (·8)

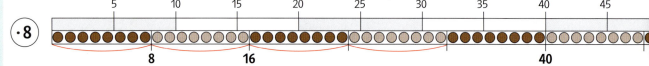

8 16 40

A Die Waldmaus springt 4-mal. 4·8 = 32
Spring wie die Waldmaus in Achtersprüngen.
Lies ab: 1·8   3·8   5·8   7·8   9·8

B Die Waldmaus springt auf die 40. 40 = 5·8
Lies ab: 8 = 1·8   32 = 4·8   48 = 6·8   56 = 7·8   24 = 3·8
16 = 2·8   64 = 8·8   72 = 9·8   80 = 10·8

3 (·7)

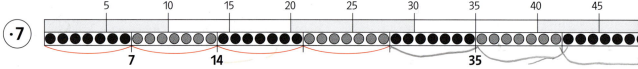

7 14 35

A Das Känguru springt 4-mal. 4·7 = 28
Spring wie das Känguru in Siebnersprüngen.
Lies ab: 1·7   3·7   5·7   7·7   9·7

B Das Känguru springt auf die 63. 63 = 9·7
Lies ab: 14 = 2·7   28 = 4·7   42 = 6·7   21 = 3·7   56 = ...·7
7 = 1·7   35 = 5·7   49 = 7·7   70 = 10·7

4 Alle Tiere springen 10-mal. Wo landen sie?

		0 · 4
		1 · 4
		2 · 4
5 · 4	**2 · 4**	3 · 4
4 · 4	3 · 4	4 · 4
		5 · 4
5 · 4	**10 · 4**	6 · 4
6 · 4	9 · 4	7 · 4
		8 · 4
5 · 4	**10 · 4**	9 · 4
7 · 4	8 · 4	10 · 4

MERKAUFGABEN

1 · 4 =   4
2 · 4 =   8
5 · 4 = 20
10 · 4 = 40

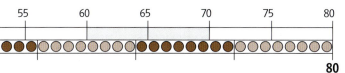

		0 · 8
		1 · 8
		2 · 8
5 · 8	**2 · 8**	3 · 8
4 · 8	3 · 8	4 · 8
		5 · 8
5 · 8	**10 · 8**	6 · 8
6 · 8	9 · 8	7 · 8
		8 · 8
5 · 8	**10 · 8**	9 · 8
7 · 8	8 · 8	10 · 8

MERKAUFGABEN

1 · 8 =   8
2 · 8 = 16
5 · 8 = 40
10 · 8 = 80

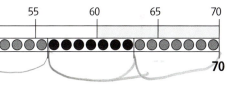

		0 · 7
		1 · 7
		2 · 7
5 · 7	**2 · 7**	3 · 7
4 · 7	3 · 7	4 · 7
		5 · 7
5 · 7	**10 · 7**	6 · 7
6 · 7	9 · 7	7 · 7
		8 · 7
5 · 7	**10 · 7**	9 · 7
7 · 7	8 · 7	10 · 7

MERKAUFGABEN

1 · 7 =   7
2 · 7 = 14
5 · 7 = 35
10 · 7 = 70

1–3 Kernaufgaben lernen, Nachbaraufgaben erschliessen.
▶ Arbeitsheft, Seite 36–37

Aufteilen

Schuelzmorge
- 40 Weggli
- 20 Äpfel
- 32 Stück Käse
- 4 Gläser Konfitüre
- 2 Mödeli Butter
- 9 Chocodrink
- Blumen

Teile die mitgebrachten Dinge auf.

1 20 Äpfel. Pro Teller 5 Äpfel. Wie viele Teller braucht es?

Lege mit Plättchen oder zeichne.

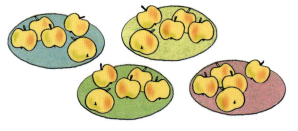

2 40 Weggli. Pro Körbchen 10 Weggli. 40 : 10 = 4
Wie viele Körbchen braucht es?
Es braucht 4 Körbchen.

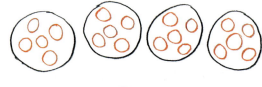

3 32 Stück Käse. Pro Brettchen 8 Stück. 32 : 8 = 4
Wie viele Brettchen braucht es?
Es braucht vier Brettchen.

4 20 Tulpen. Pro Vase 5 Tulpen. 20 : 5 = 4
Wie viele Vasen braucht es?
Es braucht vier Vasen.

1–4 Dinge nach Vorgabe aufteilen. Evtl. Plättchen als Stellvertreter benutzen.
▶ Arbeitsheft, Seite 38

Verteilen

Frau Berger räumt mit 5 Kindern das Schulzimmer auf.

1 Sie verteilt 15 Luftballone.

15 : 5 = 3
15 durch 5 = 3

Wie viele Luftballone bekommt jedes Kind?

Jedes Kind bekommt 3 Luftballone

2 Verteile 2 Waffeln an 5 Kinder. 10 : 5 = 2

Wie viele Waffelherzen bekommt jedes Kind?

Jedes Kind bekommt 2 Herzen.

3 Nun werden die Blumen verteilt.

20 : 5 = 4.

Jedes Kind bekommt 4 Blumen.

4 Rechne.

A	B	C	D	E
5 : 5 = 1	40 : 4 = 10	10 : 2 = 5	60 : 6 = 10	3 : 3 = 1
10 : 5 = 2	20 : 4 = 5	20 : 2 = 10	30 : 6 = 5	30 : 3 = 10
25 : 5 = 5	8 : 4 = 2	8 : 2 = 4	12 : 6 = 2	15 : 3 = 5
50 : 5 = 10	4 : 4 = 1	4 : 2 = 2	36 : 6 = 6	9 : 3 = 3
20 : 5 = 4	16 : 4 = 4	2 : 2 = 1	6 : 6 = 1	6 : 3 = 2

1–3 Dinge nach Vorgabe verteilen. Evtl. Plättchen als Stellvertreter benutzen.
Schreibweise für Divisionsaufgaben kennen lernen.
4 Weitere Divisionsaufgaben lösen.
▶ Arbeitsheft, Seite 39

Teilen am Einmaleins-Plan

1 (·4)

A Der Fuchs springt in Vierersprüngen auf 40.
Wie oft ist er gesprungen?

$40 = 10 \cdot 4 \qquad 40 : 4 = 10$

B Er springt auf 20.
$20 = \ldots \cdot 4 \qquad 20 : 4 = \ldots$

C Er springt auf 8.
$8 = \ldots \cdot 4 \qquad 8 : 4 = \ldots$

D Er springt auf

36
$36 : 4 = \ldots$

24
$24 : 4 = \ldots$

16
$16 : 4 = \ldots$

2 (·3)

A Der Tiger springt in Dreiersprüngen auf 30.
Wie oft ist er gesprungen?
$30 = \ldots \cdot 3 \qquad 30 : 3 = \ldots$

B Er springt auf
$15 = \ldots \cdot 3 \qquad 15 : 3 = \ldots$

C Er springt auf
$6 = \ldots \cdot 3 \qquad 6 : 3 = \ldots$

D Er springt auf

$27 : 3 = \ldots$

$18 : 3 = \ldots$

$21 : 3 = \ldots$

3 Der Rennkuckuck springt in Sechsersprüngen

A auf 60
$60 : 6$

B auf 30
$30 : 6$

C auf 12
$12 : 6$

D $54 : 6$

E $36 : 6$

F $24 : 6$

G $42 : 6$

4 Der Ochsenfrosch springt in Neunersprüngen

A auf 90

B auf 45

C auf 18

D auf 81

E auf 54

F auf 36

G auf 63

5 (·8)

$16 : 8$
$40 : 8$
$80 : 8$

6 (·7)

$14 : 7$
$35 : 7$
$70 : 7$

1–6 Teilen am Einmaleins-Plan ist Aufteilen. Umkehraufgaben zu Kernaufgaben lösen und weitere Divisionsaufgaben erschliessen.
▶ Arbeitsheft, Seite 40

Reih auf und ab

1

5er-Reihe	5	10	15	20	25	30	35	40	45	50
2er-Reihe	2	4	6	8	10	12	14	16	18	20
Summe	7	14	21	28	35	42	49	56	63	70

2

4er-Reihe	4	8	12	16	20	24	28	32	36	40
3er-Reihe	3	6	9	12	15	18	21	24	27	30
Summe	7	14	21	28	35	42	49	56	63	70

3

6er-Reihe	6	12	18	24	30	36	42	58	54	60
3er-Reihe	3	6	9	12	15	18	21	24	27	30
Summe	9	20	27	36	45	54	63	72	81	90

4

8er-Reihe	8	16	24	32	40	48	56	64	72	80
6er-Reihe	6	12	18	24	30	36	42	48	54	60
Unterschied	2	4	6	8	10	12	14	16	18	20

5

9er-Reihe	9	18	27	36	45	54	63	72	81	90
7er-Reihe	7	14	21	28	35	42	49	56	63	70
Unterschied	2	4	6	8	10	12	14	16	18	20

Einmaleins am Plan
Übt immer wieder.

Malaufgabe an einer Reihe zeigen.   Aufgabe nennen und berechnen.

1–5 Reihen vervollständigen und addieren bzw. subtrahieren.
    Zur Grundlegung und zum Üben Einmaleins-Plan (Beilage im Arbeitsheft) verwenden.
▶ Arbeitsheft, Seite 40

Legen und überlegen

21 Kinder gehen ins Schwimmbad.
Lege für jedes Kind ein Plättchen und
verteile sie im Schwimmbad. Erzähle.

1 **A** 8 Kinder sind im kleinen Nichtschwimmerbecken.
7 Kinder sind auf der Wiese.
Wie viel Kinder sind im grossen Schwimmbecken? 7

B 3 Kinder wechseln vom grossen ins kleine Becken.

2 Im grossen und im kleinen Becken und
auf der Wiese sind gleich viele Kinder.

3 6 Kinder sind auf der Wiese. Im grossen Becken
sind doppelt so viele Kinder wie im kleinen Becken.

4 Alle Kinder sind im Wasser. Im kleinen Becken
sind 5 Kinder weniger als im grossen Becken.

5 Erfinde weitere Aufgaben.

Tageslauf

1 So vergeht Lisas Tag. Beschreibe, was sie macht. Wie viel Uhr ist es jeweils?

A  B  C D

E  F  G  H

2

Lisas Stundenplan — Gruppe A

Zeit	Montag	Dienstag	Mittwoch	Donnerstag	Freitag
08.15-09.00	X		X	X	X
09.05-09.50	X	X	X	X	Sport
10.05-10.50	Sport	X	X	X	X
10.55-11.40	Religion	X	Sport	X	X
13.30-14.15	X			X	
14.20-15.05	X			X	
15.20-16.05	X	16.00 Judo			15.15 Flöte

Wie lange hat Lisa jeden Tag Unterricht?

Montag: 8.15 – 11.40
3h 25min.
13.30 –

Dienstag:

3 Wie sieht dein Stundenplan aus?

4 Immer 60 Minuten

45 min + 15 min | 57 min + __ min
30 min + __ min | 37 min + __ min
50 min + __ min | 27 min + __ min
15 min + __ min | 17 min + __ min

5 Immer 30 Minuten

10 min + 20 min | 5 min + __ min
15 min + __ min | 12 min + __ min
20 min + __ min | 19 min + __ min
25 min + __ min | 26 min + __ min

1 Tageslauf besprechen, Uhrzeiten aufschreiben.
2–3 Zeitspannen berechnen, erzählen. Abkürzungen für Stunde (h) und Minute (min) wiederholen.
4–5 Zeit auf eine Stunde und auf eine halbe Stunde ergänzen.

Jahreslauf

1 Wie viele Tage haben die Monate?

1. Monat: Januar, 31 Tage
2. Monat: Februar, ...
3. Monat: ...

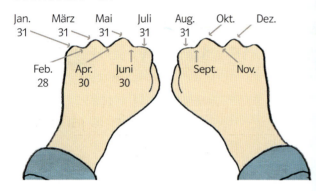

Kalender 2007

[Kalender für alle 12 Monate 2007]

Neujahr 1. Januar, Berchtoldstag 2. Januar, Karfreitag 6. April, Ostern 8. April, Ostermontag 9. April, Tag der Arbeit 1. Mai, Auffahrt 17. Mai, Pfingsten 27. Mai, Pfingstmontag 28. Mai, Fronleichnam 7. Juni, Nationalfeiertag 1. August, Mariä Himmelfahrt 15. August, Allerheiligen 1. November, Heiligabend 24. Dezember, Weihnachten 25. Dezember, Stefanstag 26. Dezember, Silvester 31. Dezember.

2 Welcher Wochentag?

A 1. Mai
B 31. März
C 3. Oktober
D 14. Februar
E 22. Juli
F 24. Dezember

3 Schreibe kürzer.   3A 1.1.2007

A 1. Januar 2007
B 30. April 2007
C 28. Mai 2007
D 7. Juli 2007
E 9. November 2007
F 25. Dezember 2007

4 Freitag, der 19.1.2007   4A Donnerstag, der

A Ein Tag vorher
B Zwei Tage vorher
C Eine Woche vorher
D Zwei Tage später
E Zwei Wochen später

5   Vollmond   Halbmond   Neumond   Halbmond   Vollmond

abnehmend   zunehmend

Am 3.1.2007 war Vollmond. Der nachfolgende Vollmond war am 2.2.2007. Wie viele Tage später war das?

---

1 Monatsnamen und -längen aufschreiben.
2 Wochentage herausfinden.
3 Tagesdatum in Ziffern schreiben.
4 Tagesdatum bestimmen.
5 Über Mondphasen sprechen. Anzahl der Tage eines Mondmonats berechnen.

Alle werden älter

1

	vor 8 Jahren	vor 2 Jahren	heute	in 10 Jahren
Anja	0	6	8	18
Mama	23	29	31	
Oma			63	

2 Wie viele Jahre ist Mama älter als Anja?

3 Wie alt ist Anja in 10 Jahren?

4 Wie alt ist dann Anjas Mama?

5 Wie viele Jahre ist Mama dann älter als Anja?

6 In einigen Jahren sind Mama und Oma zusammen 100 Jahre alt.
Wie alt ist dann Mama?
Wie alt ist dann Oma?

7 Schreibe eine Tabelle für deine Familie.

Was sagst du zu folgenden Aufgaben?

8 In der 2. Klasse sind 11 Knaben und 14 Mädchen. Wie alt ist die Lehrerin?

9 Ein 52 Jahre alter Hirte hat 63 Schafe und 37 Ziegen. Wie alt ist der Hirte?

---
1 Tabelle ins Heft übertragen, das jeweilige Alter der Personen eintragen.
2–5 Sachaufgaben lösen, Konstanz des Altersunterschiedes herausfinden.
6 Aufgabe durch Probieren lösen.
7 Alterstabelle für die eigene Familie entwerfen.
8–9 «Kapitänsaufgaben»: Beziehung der Fragen zu den gegebenen Daten herausarbeiten.

Pflanzen

1 Pflanzen wachsen über und unter der Erde.

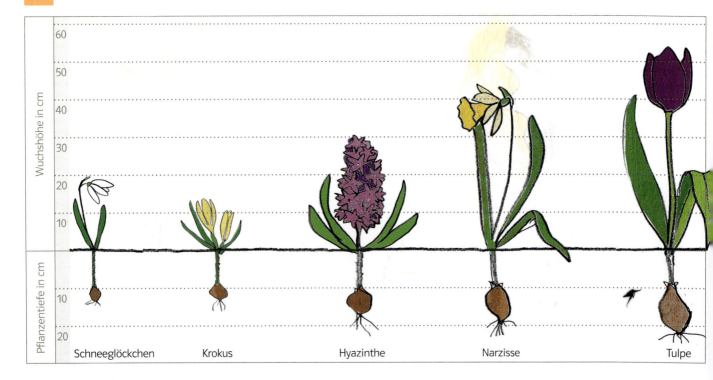

A Notiere die Längen.

| 1A Schneeglöckchen | Höhe | cm | Tiefe | cm |
| Krokus | Höhe | cm | Tiefe | cm |

B Wie lange sind die einzelnen Pflanzen im Ganzen?

C Vergleiche die Längen über und unter der Erde.

2 Messt die Längen verschiedener Blumen. Notiert und vergleicht die Ergebnisse.

1 Längen der Tabelle entnehmen und notieren. Längen berechnen und vergleichen.
2 Pflanzenhöhe über der Erde messen, festhalten und vergleichen.
▶ Arbeitsheft, Seite 42–43

Störche

Legen und zeichnen

1 Stelle aus farbigem Papier verschiedene Plättli her.

 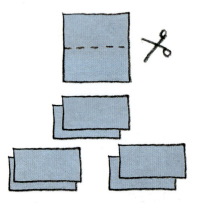 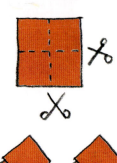

2 Lege und klebe diese Plättlimuster und setze sie fort.

A  **B**  **C**

D 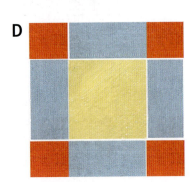 **E**  **F**

3 Lege eigene Muster. Zeichne sie ins Heft und setze sie fort.

1 Plättli aus farbigem Papier schneiden.
2–3 Parkette legen, kleben, auf kariertes Papier zeichnen.

Knotenschule

1 Spierenstich

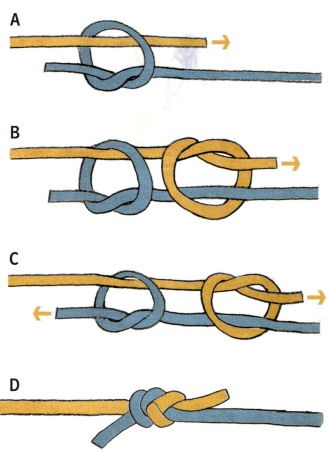

Der Spierenstich wird zum sicheren Verbinden von zwei Seilen verwendet.

2 Kreuzknoten

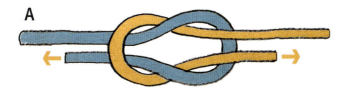

1–2 Fortsetzung der Knotenschule mit Spierenstich und Kreuzknoten. Verwendung des Spierenstichs beim Bergsteigen besprechen.

81

Spiegeln

1

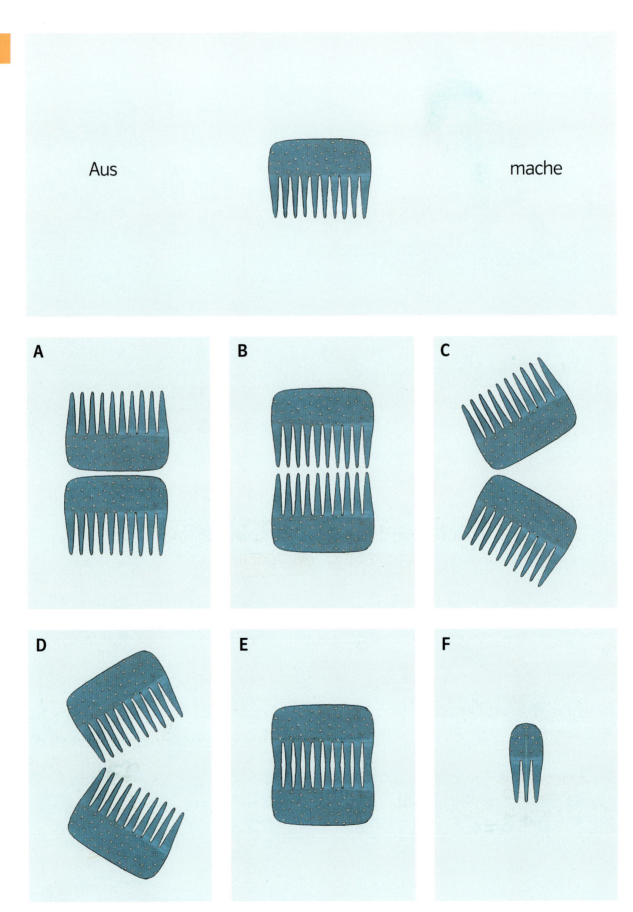

82   **1** Mit einem Spiegel probieren. Spiegelbilder herstellen, evtl. Spiegelachsen einzeichnen.

2

Aus … mache

A

B

C **D**

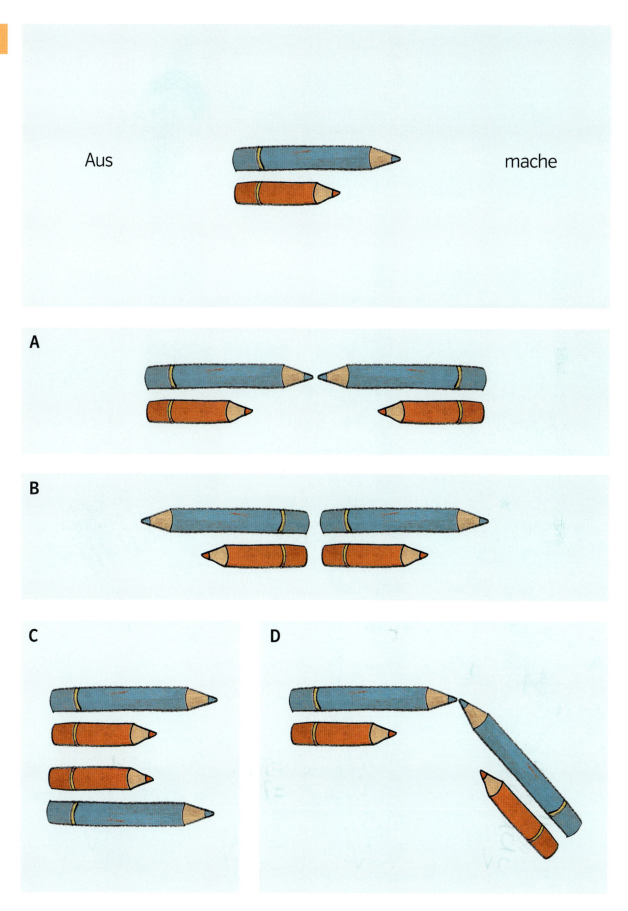

2 Mit einem Spiegel probieren. Spiegelbilder herstellen, evtl. Spiegelachsen einzeichnen.   ▸ Kopiervorlagen
▸ Arbeitsheft, Seite 44

Rechenwege bei Plusaufgaben 2

Rechne und schreibe deinen Rechenweg ins Heft.

1 68 + 23   37 + 56   75 + 16   15 + 56   74 + 18
    63 + 28   36 + 57   76 + 15   25 + 46   64 + 28

2 42 + 39   21 + 79   57 + 24   58 + 27   69 + 24
    49 + 32   29 + 71   54 + 27   48 + 37   79 + 14

3 35 + 17   29 + 24   32 + 39   **4** 46 + 35   57 + 28
    45 + 17   29 + 25   33 + 39   47 + 34   46 + 39
    55 + 17   29 + 26   34 + 39   48 + 33   35 + 50
    65 + 17   29 + 28   35 + 39   49 + 32   24 + 61
    75 + 17   29 + 29   36 + 39   50 + 31   13 + 72

1–4 Rechenwege aufschreiben.

5 Wie überlegen und rechnen die Kinder? Wo entsteht ein neuer Zehner?

$$63 + 24 \qquad 68 + 27$$

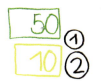

```
63 + 24 =      Robin    68 + 27 =
60 + 20                 60 + 20
 3 +  4                  8 +  7

63 + 24 =      Maja     68 + 27 =
63 + 20 + 4             68 + 20 + 7
```

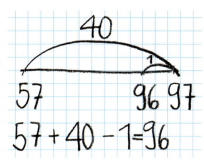

6 A 23 + 45   B 55 + 14   C 27 + 17   D 34 + 15   E 78 + 13   F 46 + 37
    23 + 48   54 + 18   24 + 16   35 + 16   74 + 13   42 + 36

7 Wie überlegen und rechnen die Kinder?

$$57 + 39$$

Tobias:
57 + 40 − 1 = 96
(Sprung von 57 um 40 zu 97, dann −1 zu 96)

Maria:
57 + 39 = 96
56 + 40 = 96

8 Probiere selbst.

A 68 + 19   B 37 + 58   C 65 + 29   D 26 + 48   E 59 + 39   F 44 + 28
  58 + 29   47 + 48   75 + 19   16 + 58   69 + 29   54 + 18

9 Schöne Päckchen?

A 17 + 37 = 54   B 15 + 13 = 29   C 42 + 28 = 70   D 53 + 27 = 80   E 25 + 10 = 35   F 32 + 25 = 57
  32 + 33 = 65   28 + 15 = 43   35 + 28 = 63   52 + 37 = 90   30 + 12 = 37   38 + 20 = 58
  47 + 39 = 86   43 + 17 = 60   28 + 28 = 56   35 + 27 = 62   35 + 14 = 39   44 + 15 = 59
  62 + 25 = 87   60 + 19 = 79   28 + 14 = 42   32 + 57 = 89   40 + 16 = 41   49 + 10 = 59

10 A Ich denke mir eine Zahl.   B Ich denke mir eine Zahl.
      Ich halbiere sie und erhalte 44.   Ich verdopple sie und erhalte 78.

Zuerst die Aufgaben 5 und 7 selbst rechnen und im Klassengespräch vergleichen.
5–9 Rechenwege beschreiben und begründen.
10 Gedachte Zahl durch Umkehroperation bestimmen.
▶ Arbeitsheft, Seite 45

Gebühren

1

Fahrpreise

Erwachsene		Fr.
Kurzstrecke	K	1.50
Normalstrecke	N	2.00
5 Fahrten	N5	9.00

Kinder		Fr.
Kurzstrecke	K	0.80
Normalstrecke	N	1.00
5 Fahrten	N5	4.50

2 Mutter will 2 Stunden parkieren.

3 Melanie gibt ein Paket auf. Es wiegt 800 g.

4 Rahel schreibt an ihre Freundin Maja und eine Karte an ihr Gotti.

Erkundige dich nach dem Porto.

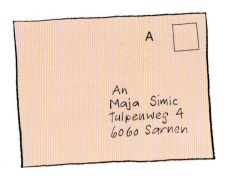 

86

1–4 Sachsituationen beschreiben, Automaten erläutern. Beträge berechnen. Weitere Aufgaben finden und rechnen.
▶ Arbeitsheft, Seite 46

Rechengeschichten

Im Zoo hat es 4 Elefanten, 2 Giraffen, 10 Pinguine, 20 Kanarienvögel, 5 Murmeltiere, 5 Ponis und 1 Delfin. Frage: Wie viele Tiere sind es?

47

Raphaelo

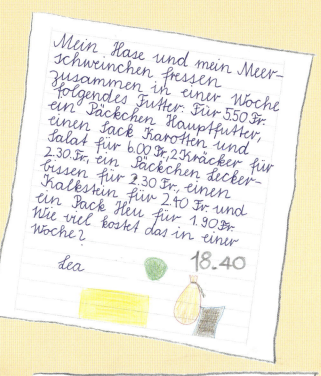

Mein Hase und mein Meerschweinchen fressen zusammen in einer Woche folgendes Futter: Für 5.50 Fr. ein Päckchen Hauptfutter, einen Sack Karotten und Salat für 6.00 Fr., 2 Kräcker für 2.30 Fr., ein Päckchen Leckerbissen für 2.30 Fr., einen Kalkstein für 2.40 Fr. und ein Pack Heu für 1.90 Fr. Wie viel kostet das in einer Woche?

Lea   18.40

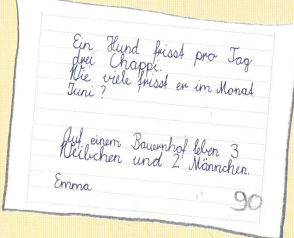

Ein Hund frisst pro Tag drei Chappi. Wie viele frisst er im Monat Juni?

Auf einem Bauernhof leben 3 Weibchen und 2 Männchen.

Emma   90

Hans möchte ein Kaninchen kaufen. Er gibt 70 Fr., er bekommt 13 Fr. zurück. Wie viel hat das Kaninchen gekostet?

Jasmin   57   57

Ein Meerschweinchen isst ein halbes Rübchen pro Tag. Wie viele Rübchen isst es in zwei Wochen?

Livia   28

Auf einem Bauernhof leben 5 Hühner, 2 Katzen, 1 Hund, 3 Kühe, 2 Pferde, 1 Kaninchen und 6 Schafe. Wie viele Beine haben sie alle zusammen?

Christof   52

Eigene Rechengeschichten erfinden.

Rechenwege bei Minusaufgaben 2

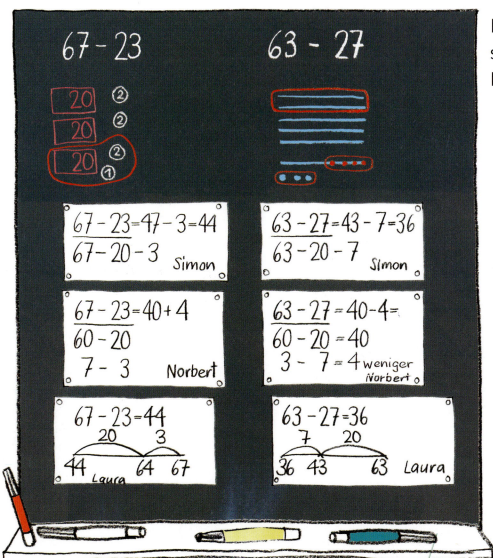

Rechne und schreibe deinen Rechenweg auf.

1 58 – 34 = 24   42 – 27 = 25   99 – 55 = 44   83 – 38 = 45   75 – 23 = 52
54 – 38 = 24   47 – 22 = 25   95 – 59 = 44   88 – 33 = 45   65 – 43 = 22

2 73 – 39   94 – 62   52 – 24   62 – 26   63 – 46
79 – 33   92 – 64   54 – 22   66 – 22   73 – 36

3 52 – 17   72 – 6   93 – 4   **4** 62 – 58   80 – 53
62 – 27   73 – 16   83 – 15   64 – 56   81 – 54
72 – 37   74 – 26   73 – 26   66 – 54   82 – 55
82 – 47   75 – 36   63 – 37   68 – 52   83 – 57
92 – 17   76 – 47   53 – 48   70 – 50   84 – 58

1–4 Rechenwege aufschreiben.

5 Wie überlegen und rechnen die Kinder? Wo werden die Zehner angeknabbert?

$$48 - 21 \qquad 41 - 28$$

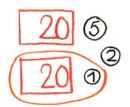

48 − 21 = 20 + 7 =   Nico
40 − 20
 8 − 1

41 − 28 = 20 − 7 =
40 − 20
 1 − 8

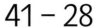

48 − 21 = 28 − 1 =   Milena
48 − 20 − 1

41 − 28 = 21 − 8 =
41 − 20 − 8

6 A 54 − 23   B 87 − 34   C 95 − 46   D 77 − 66   E 96 − 32   F 99 − 88
      53 − 24   84 − 37   96 − 45   76 − 67   92 − 36   98 − 89

7 Wie überlegen und rechnen die Kinder?

$$63 - 29$$

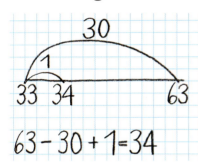

63 − 30 + 1 = 34   Paul

63 − 29 = 34
64 − 30 = 34

Alina

8 Probiere selbst.

A 64 − 39   B 68 − 39   C 77 − 49   D 86 − 58   E 75 − 29   F 99 − 74
  74 − 49   69 − 38   67 − 39   76 − 38   95 − 39   89 − 64

9 Schöne Päckchen. Setze fort.

A 63 − 31   B 74 − 40   C 45 − 18   D 92 − 59   E 86 − 69   F 91 − 6
  63 − 30   74 − 39   40 − 16   92 − 58   86 − 58   82 − 12
  63 − 29   74 − 38   35 − 14   82 − 59   86 − 47   73 − 18
  63 − 28   74 − 37   30 − 12   82 − 58   86 − 36   64 − 24

10 A Ich denke mir eine Zahl.   B Ich denke mir eine Zahl.
       Ich verdopple sie und erhalte 48.   Ich halbiere sie und erhalte 48.

Zuerst die Aufgaben 5 und 7 selbst rechnen und im Klassengespräch vergleichen.
5–9 Rechenwege beschreiben und begründen.
10 Gedachte Zahl durch Umkehroperation bestimmen.
▶ Arbeitsheft, Seite 47

Übungen zu Minusaufgaben

1 Verwandte Aufgaben. Kontrolliere die Ergebnisse mit einer Plusaufgabe.

A 82 – 20	**B** 81 – 60	**C** 84 – 50	**D** 70 – 47	**E** 51 – 14
82 – 25	83 – 62	84 – 49	69 – 46	50 – 13
82 – 35	83 – 42	84 – 51	63 – 40	47 – 10
82 – 37	73 – 42	83 – 50	65 – 38	40 – 3
82 – 67	71 – 42	83 – 51	65 – 42	37 – 0

2 **A** Immer –21. Beginne mit 85.

2A 85–21=64
64–21=43
43–21=

B Immer –13. Beginne mit 78.

C Immer –24. Beginne mit 96.

Kontrolliere: Du erreichst immer 1 oder 0.

Lo Shu und ihre Freunde

3 Immer 30

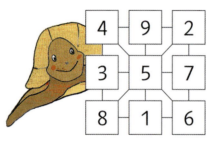
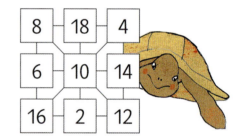

Löse auf der Kopiervorlage.

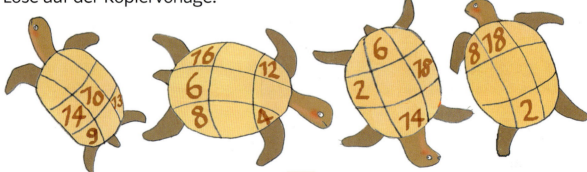

4 Immer 45

5 Immer 60

1–2 Aufgaben lösen und Muster besprechen.
3–5 Verwandte der Lo Shu: Minusaufgaben durch Ergänzen lösen. ▶ Kopiervorlage
▶ Arbeitsheft, Seite 48–49

Klassenspiegel

Wie heisse ich?

A Ich habe einen Rossschwanz und einen gelben Pullover.
B Ich trage eine Brille und sitze rechts neben Nora.
C Der Junge links von mir trägt einen roten Pullover.
D Mein rechter Nachbar ist heute nicht da.
E Der Junge gegenüber von mir trägt ein Stirnband.
F Meine linke Nachbarin hat lange schwarze Haare.
G Mein rechter Nachbar kramt in seinem Schulsack.

Mithilfe des Sitzplans herausfinden, wie die Kinder heissen.

Figuren kippen

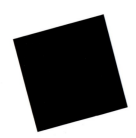
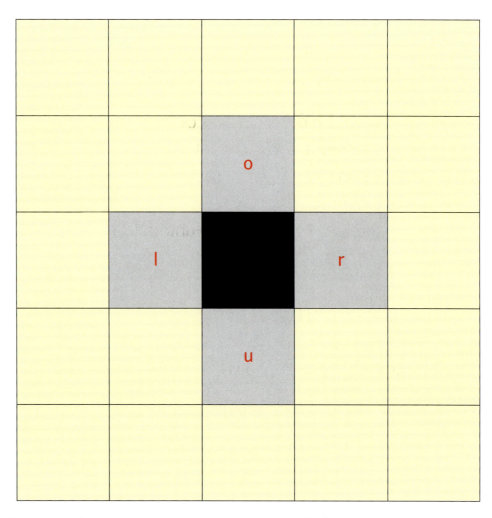

Kippe das Quadrat von der Mitte aus nach rechts, nach links, nach oben, nach unten.

1 Lege das Quadrat in die Mitte:

   A Kippe zweimal nacheinander. Wohin kannst du kommen?
   B Kippe dreimal nacheinander. Wohin kannst du kommen?
   C Kippe viermal nacheinander. Wohin kannst du kommen?

2 Kippe von der Mitte aus nacheinander nach:

   A rechts, rechts, oben, oben. Wo landest du?
   B links, links, unten, unten. Wo landest du?
   C links, unten, unten, rechts, oben, oben. Wo landest du?

3 Marco kippt das Quadrat von der Mitte aus. Wohin kommt er?

   A r, r, o, o, l.   **B** l, l, o, o, r.   **C** r, r, u, u, l.   **D** l, l, u, u, r.
   E r, o, l, o, r.   **F** l, o, r, o, l.   **G** r, u, l, u, r.   **H** l, u, r, u, l.

1–3 Quadrat aus dem Tangram-Spiel (Beilage) im Plan kippen. Lage beschreiben.

4 Ursina möchte von der Mitte aus zum Feld ganz links unten kommen.
Sie beschreibt den Weg: u, u, l, l. Suche andere Wege:

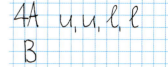

5 Alain sucht Wege von der Mitte zurück zur Mitte.
Er stellt fest: nur einmal kippen geht nicht.

- **A** Zweimal kippen geht auf 4 Arten. Kannst du sie beschreiben?
- **B** Dreimal kippen?
- **C** Viermal kippen?
- **D** Fünfmal kippen?
- **E** Sechsmal kippen?

Was stellst du fest?

6 Petra startet links unten. Sie kippt das Quadrat sechsmal. Wohin kann sie kommen?

7 Nimm das Dreieck und lege es so in die Mitte. Du kannst auch schräg kippen.

- **A** Du kippst zweimal. Wohin kannst du kommen? Zeichne auf der Kopiervorlage ein.
- **B** Du kippst s, r, o, s, r. Wohin kommst du? Zeichne ein.
- **C** Du möchtest die rote Figur erreichen. Suche einen Weg.

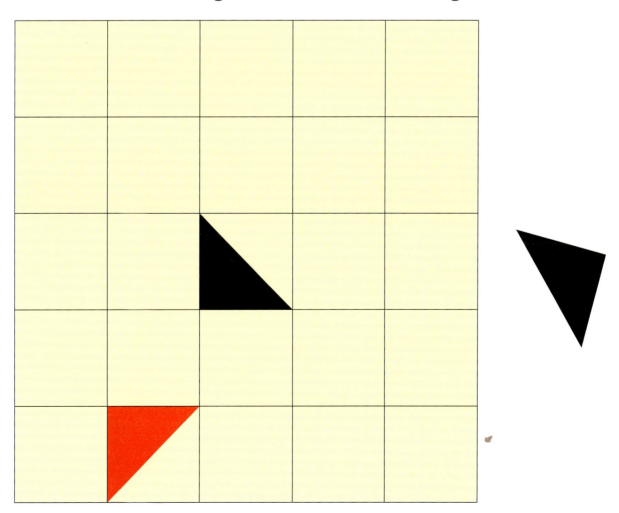

4–7 Kippwege mit Quadrat und Dreieck aus dem Tangram-Spiel (Beilage) ausführen.
Auf der Kopiervorlage einzeichnen und als Muster beschreiben.   ▶ Kopiervorlage

Einmaleins-Tafel

1 Welche Aufgaben sind für dich leicht, welche sind schwer?

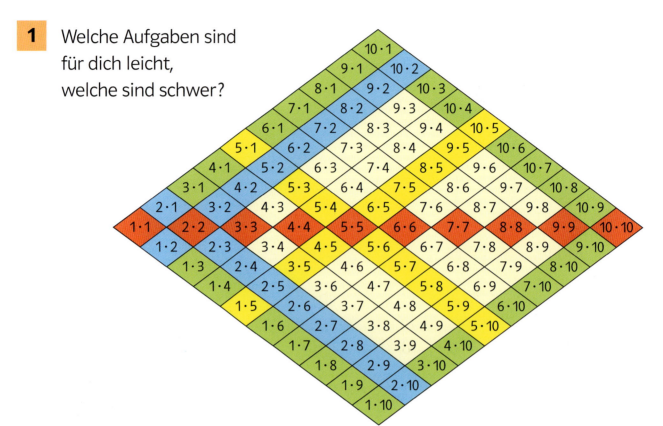

2 Zeige und rechne mündlich.

A   B   C   D

3 Rechne zu jeder Aufgabe vorher eine farbige Nachbaraufgabe.

A	9·6	Leo	Julia	C	9·7	D	9·8
	7·6	3A 10·6=60	3A 9·5=45		8·7		3·9
	6·8	9·6=54	9·6=54		6·9		9·4
	4·8				7·3		7·4
	3·7				6·4		8·3

4 Rechne leichte Aufgaben zuerst.

A	3·4	B	5·7	C	9·8	D	8·5	E	8·2
	4·4		6·7		9·9		8·6		8·3
	4·3		6·8		9·10		7·7		7·3
	4·2		5·9		8·9		7·6		7·4
	3·2		5·8		8·8		7·5		6·4

5 2·0

0·2
0·0

Erste Orientierung auf der Einmaleins-Tafel: Aufgaben lösen und auf der Tafel zeigen.
1 Struktur der Tafel besprechen.
2 Kernaufgaben rechnen.
3–4 Aufgaben aus Kernaufgaben erschliessen.
5 Malaufgaben mit 0 lösen.

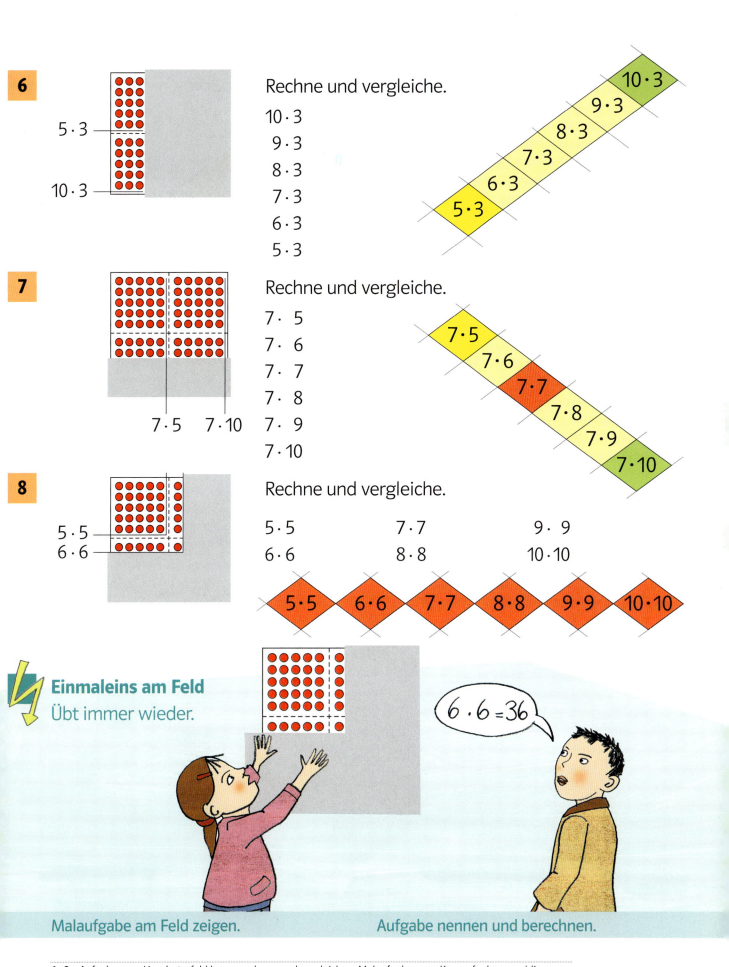

Aufteilen mit Rest

1

8 Dreier
1 Kind bleibt übrig.

```
1  25 = 8·3 + 1
   25 : 3 = 8 Rest 1
```

2 Lege für jedes Kind ein Plättchen. Bilde Gruppen.

A Vierergruppen.

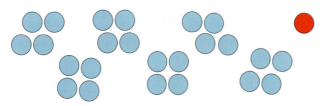

```
2A  25 = 6·4 + 1
    25 : 4 =
```

B Fünfergruppen   **C** Sechsergruppen   **D** Achtergruppen

3 Lege 25 Plättchen, zeichne und rechne

A mit Siebnergruppen.   **B** mit Zehnergruppen.   **C** mit Neunergruppen.

4 Bilde so auch Gruppen in deiner Klasse.

5 Bilde so Gruppen in einer Klasse

A mit 16 Kindern.   **B** mit 20 Kindern.

---

1 «Atom-Spiel»: Aus der Zerlegungsform die Restschreibweise ableiten.
2–3 25 Plättchen nach Vorgabe aufteilen. Aufgaben im Heft lösen.
4–5 Aufgaben mit Plättchen legen und im Heft lösen.
▶ Arbeitsheft, Seite 53

Teilen mit Rest

1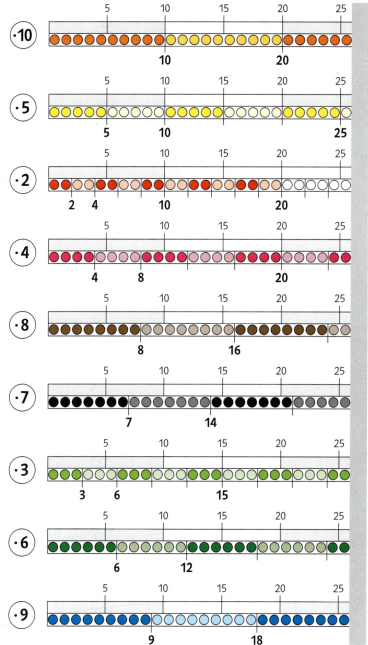

A Decke auf dem Einmaleins-Plan 26 ab. Schreibe immer zwei Aufgaben.

1A $26 = 2 \cdot 10 + 6$
$26 : 10 = 2 \, R \, 6$
$26 = 5 \cdot 5 + 1$
$26 : 5 = 5 \, R \, 1$
$26 = 13 \cdot 2$
$26 : 2 = 13$

B Decke auf dem Einmaleins-Plan 18 ab. Nenne immer zwei Aufgaben.

C Decke auf dem Einmaleins-Plan 24 ab. Nenne immer zwei Aufgaben.

2 Verteile 32 Spielkarten an:

A 4 Mitspieler   B 8 Mitspieler   C 2 Mitspieler   D 3 Mitspieler
E 5 Mitspieler   F 6 Mitspieler   G 7 Mitspieler   H 9 Mitspieler

3 Von Karfreitag bis Auffahrt dauert es genau 40 Tage. Wie viele Wochen sind das?

4 Stühle sollen in Reihen zu je 6 aufgestellt werden. Für wie viele Reihen reichen 50 Stühle?

---

1 Am Einmaleins-Plan Zerlegungsaufgaben und Divisionsaufgaben rechnen.
2 32 Spielkarten nach Vorgabe verteilen.
3–4 Sachaufgaben zur Division mit Rest lösen.

Malaufgaben in Sachsituationen

1

1 Flasche 2 Flaschen 4 Flaschen ✓ 6 Flaschen ✓
5 Gläser   10 Gläser   20 Gläser   30 Gläser

2

1 Apfel   2 Äpfel ✓   3 Äpfel ✓   4 Äpfel ✓
8 Stücke 16 Stücke   24 Stücke   32 Stücke

3

1 Tomate ✓   2 Tomaten ✓   4 Tomaten ✓   6 Tomaten ✓
2 Hälften   4 Hälften   8 Hälften   12 Hälften

4

 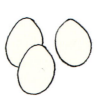 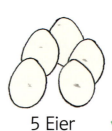 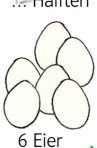

1 Ei   3 Eier ✓   5 Eier ✓   6 Eier ✓
4 Viertel 12 Viertel   20 Viertel   24 Viertel

5

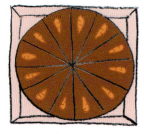  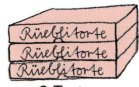 

1 Torte   2 Torten ✓   3 Torten ✓   4 Torten ✓
12 Stücke   24 Stücke   36 Stücke   48 Stücke

1–5 Sachsituationen

6 Tiere bekommen Junge.

Eine Katze bekommt oft im Frühjahr und im Herbst Junge. Manchmal bekommt sie 2, manchmal 3 und manchmal 4 Junge. Zu jedem Wurf gehören durchschnittlich 3 Junge.

	Würfe in einem Jahr	Junge pro Wurf
Katze	2	3
Maus	4	7
Eichhörnchen	3	3
Kaninchen	2	7
Hase	3	3
Reh	1	2
Ratte	5	8

Wie viele Junge bekommen die Tiere durchschnittlich in einem Jahr?

6 Katze: 2 · 3K = 6K
   Maus: 4 · 7M =

7 Wie viele Minuten sind vergangen?

A 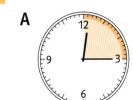 B 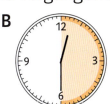 C 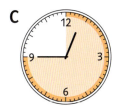 D

7A 3 · 5 min
    15 min

7B 6 · 5 min
        min

E 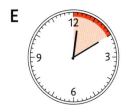 F 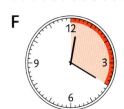 G 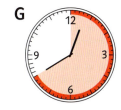 H

I  J  K 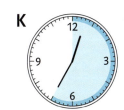 L

6 Anzahl der Tierjungen pro Jahr ausrechnen.
7 Zeitspannen ausrechnen und benennen (Viertelstunde, halbe Stunde …).

Glacekarte

1 Schreibe die Rechnungen für Tisch 1 und Tisch 2 ins Heft.

2 Iris kauft 4 Kugeln mit Rahm.

3 Tim hat 10 Franken. Er bestellt Cassata und einen «Schlumpf» für seine kleine Schwester.

4 Sven lädt seine drei Freunde zu einem Coupe ein.

5 Lea mag Vanille, Erdbeer und Schokolade. Wie kann sie 3 Kugeln nehmen?

6 Denke dir selbst Aufgaben aus.

1–4 Aufgaben berechnen, dazu Dessertkarte benutzen.
5 Verschiedene Kombinationsmöglichkeiten suchen.
6 Eigene Aufgaben erfinden.
▶ Arbeitsheft, Seite 54

Auf dem Biomarkt

1 Katrin kauft
10 Eier
1 Schale Erdbeeren
2 Flaschen Most

Bauer Merki rechnet

5 Fr.
4 Fr.
4 Fr.

5 Fr. + 4 Fr. + 4 Fr. = … Fr.

2 Herr Schmid kauft

10 Eier
1 Bund Rüebli
2 kg Äpfel
1 Schale Erdbeeren

Familie Mosimann kauft

2x Erdbeeren
1x Radiesli
3x Konfitüre
3x Salat
1x Peterli

Helen kauft

2 Glas Honig
5 Fl. Most
1 Bund Rüebli
3 Gurken

Berechne die Einkäufe.

3 Frau Wiesner hat im Supermarkt
1 Bund Rüebli, 1 Glas Honig,
1 kg Äpfel und 10 Eier gekauft.
Vergleiche mit dem Biomarkt.

SUPERMARKT
Rüebli 2.40
Honig 10.50
Äpfel 2.95
Eier 4.20
Summe 20.05
Gegeben 25.00
Zurück 4.95

1–3 Aufgaben berechnen, weitere Rechnungen mit den angeführten Preisen durchführen.
▶ Arbeitsheft, Seite 55

Sachrechnen im Kopf

1 Rechne die Aufgaben im Kopf.
Stellt euch in Partnerarbeit selbst solche Aufgaben.

A
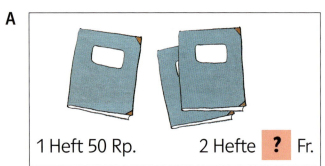
1 Heft 50 Rp.   2 Hefte ? Fr.

B
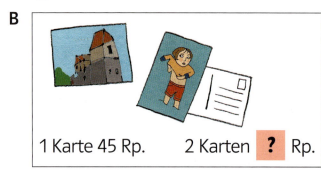
1 Karte 45 Rp.   2 Karten ? Rp.

C
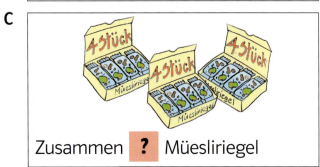
Zusammen ? Müesliriegel

D
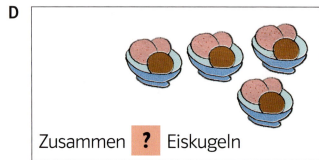
Zusammen ? Eiskugeln

E

Preis | gegeben | zurück
90 Rp. | 1 Fr. | ? Rp.

F
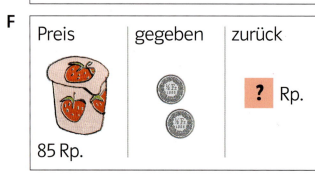
Preis | gegeben | zurück
85 Rp. | | ? Rp.

G

? min warten

H

vor 5 Jahren   heute   in 5 Jahren
? Jahre   8 Jahre alt   ? Jahre

I

Ausverkauf! Alles kostet die Hälfte
26 Fr.
Preis im Ausverkauf: ? Fr.

J

3 Fr.   2.50 Fr.
Zusammen ? Fr.

2 Wie lang ist der Igel?

3 Wie spät ist es?

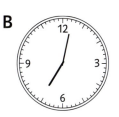

A   B

4 Wie viel fehlt zu 1 Franken?
95 Rp., 85 Rp., 20 Rp., 55 Rp.

5 Wie viel fehlt zu 50 Rappen?
45 Rp., 35 Rp., 25 Rp., 40 Rp.

6 Wie viel fehlt zu 1 Meter?
87 cm, 76 cm, 59 cm, 61 cm

7 Wie viel fehlt zu einer Stunde?
54 min, 46 min, 38 min, 59 min

8

A **1 Fr.**
2 mal 50 Rp.
4 mal ? Rp.
5 mal ? Rp.
10 mal ? Rp.

B **1 m**
2 mal ? cm
5 mal ? cm
10 mal ? cm

C **30 min**
2 mal ? min
3 mal ? min
5 mal ? min
6 mal ? min
10 mal ? min

D **1 h**
2 mal ? min
3 mal ? min
4 mal ? min
5 mal ? min
6 mal ? min
10 mal ? min

9 Wie viel Rappen?
5 Rp. weniger als 1 Fr.   10 Rp. weniger als 1 Fr.   10 Rp. mehr als 1 Fr.

10 Wie viele Minuten?
1 min weniger als 1 h   10 min weniger als 1 h   1 min mehr als 1 h

11 Verdopple und halbiere.

A   1 Fr.
    50 Rp.
    1 Fr. 50 Rp.
    5 Fr.

B   1 m
    70 cm
    1 m 20 cm
    3 m

C   30 min
    40 min
    50 min
    1 h

D   1 h 20 min
    24 h
    3 h
    1 min

Stellt euch in Partnerarbeit selbst solche Aufgaben.

2–11 Aufgaben mit einer Partnerin oder einem Partner besprechen und dann im Kopf lösen.
Evtl. Geldbeträge mit Rechengeld legen, Zeiten an einer Lernuhr einstellen, Längen am Massband zeigen.
Weitere ähnliche Aufgaben stellen und lösen.

Sachaufgaben lösen

Welche Sachaufgaben rechnen die Kinder?

1 Vater geht mit 3 Kindern zum Glacestand. Alle bestellen je 3 Kugeln.

2 Katrin ist 8 Jahre alt. Ihre Cousine ist 12 Jahre älter.

3 Mutter bezahlt an der Tankstelle 46 Franken für Benzin, 8 Franken für Motorenöl und 14 Franken für eine Strassenkarte.

4 Der Schreiner benötigt ein Brett von 78 cm Länge. Er hat Bretter von 80 cm Länge.

5 Eine Viererkarte für den Bus kostet 12 Franken.

6 Sascha kauft ein Buch für 12 Franken. Er bezahlt mit einer 20-Franken-Note.

7 Eine Fahrkarte für Erwachsene kostet 28 Franken. Kinder bis 14 Jahre zahlen die Hälfte.

Sachaufgaben erfinden

1 5 · 4

Finde dazu passende Fragen und beantworte sie.

2 Finde Sachaufgaben zu den Rechnungen.

6 · 3	7 · 2	24 + 16	3 + 17 − 5	20 : 4
27 − 4	16 + 8	24 : 3	4 · 3 + 2	2 · 6 + 3 · 5
35 : 7	9 + 14 + 4	5 · 7	4 · 6	4 + 9 − 3

1 Sachaufgaben der Kinder lesen, passende Fragen finden und Rechnungen bilden.
2 Zu vorgegebenen Rechnungen verschiedene Sachaufgaben erfinden, evtl. zeichnen.

Quadratzahlen und Dreieckszahlen

1 Quadratzahlen

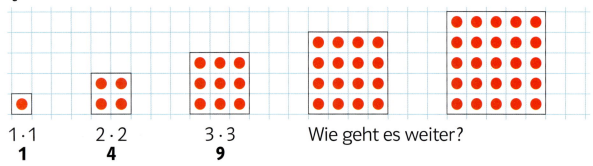

1 · 1   2 · 2   3 · 3   Wie geht es weiter?
1   **4**   **9**

2 Dreieckszahlen

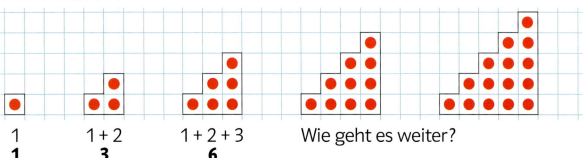

1   1 + 2   1 + 2 + 3   Wie geht es weiter?
1   **3**   **6**

3

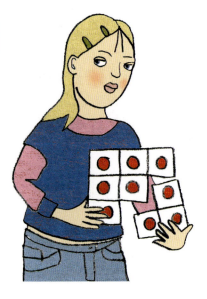

A	1 + 3	B	21 + 28
	3 + 6		28 + 36
	6 + 10		36 + 45
	10 + 15		45 + 55
	15 + 21		55 + 66

Was fällt dir auf?

4

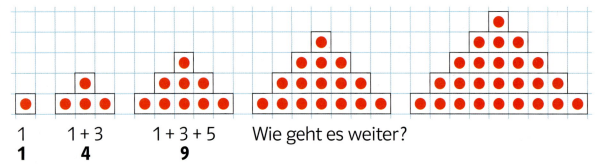

1   1 + 3   1 + 3 + 5   Wie geht es weiter?
1   **4**   **9**

Zurück zur Startzahl

1 Rechne im Kreis herum im Kopf.

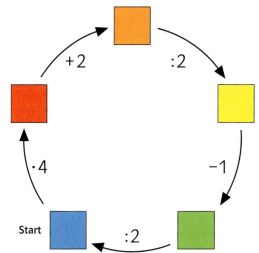

A Starte mit 4.
B Starte mit 5.
C Starte mit 3, mit 6, mit 10.
D Starte mit weiteren Zahlen.

2 Rechne im Kreis herum im Kopf.

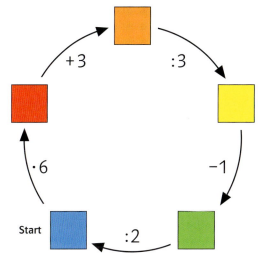

A Starte mit 5.
B Starte mit eigenen Zahlen.

3 Rechne ebenso.

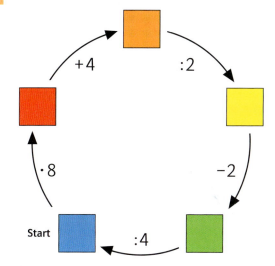

A Starte mit 4.
B Starte mit eigenen Zahlen.

4 Rechne mit Umkehrzahlen.

A	B	C	D
13 + 31	61 + 16	31 − 13	61 − 16
24 + 42	52 + 25	42 − 24	52 − 25
35 + 53	43 + 34	53 − 35	43 − 34
26 + 62	32 + 23	62 − 26	32 − 23
17 + 71	41 + 14	71 − 17	41 − 14

1–3 Rechenketten im Kopf lösen, beschreiben, erklären. ▶ Kopiervorlage
4 Aufgaben mit Umkehrzahlen lösen. Muster erkennen.

Gerade und ungerade Zahlen

1 Erzähle.

2 Zähle weiter.

A 1, 3, 5, …, 19
B 2, 4, 6, …, 20
C 51, 53, …, 69
D 50, 52, …, 70
E 99, 97, 95, …, 81
F 100, 98, 96, …, 80

3 Zerlege in gleiche Zahlen oder Nachbarzahlen. Gerade oder ungerade?

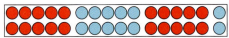

32 = 16 + 16   32 ist gerade.

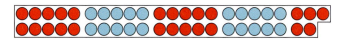

45 = 23 + 22   45 ist ungerade.

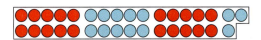

33 = … + …   33 ist …

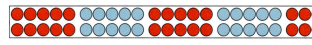

46 = … + …   46 ist …

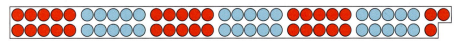

63 = … + …   63 ist …

4 Zerlege in gleiche Zahlen oder Nachbarzahlen.

A 20, 21, 22, 23, 24
B 45, 46, 47, 48, 49
C 60, 62, 64, 66, 68
D 61, 63, 65, 67, 69

4A 20 = 10 + 10   20 ist gerade
    21 = 10 + 11   21 ist ungerade
    22 = 11 + 11   22 ist

5 Überlege, bevor du rechnest, ob das Ergebnis gerade oder ungerade sein muss.

A 28 + 12	B 46 + 35	C 55 + 32	D 55 + 33
46 + 28	58 + 13	43 + 46	39 + 27
32 + 26	44 + 27	71 + 20	47 + 41
24 + 50	62 + 31	59 + 34	63 + 29
60 + 34	40 + 39	47 + 48	71 + 25

E In welche der Päckchen gehören die Aufgaben?

34 + 19   34 + 18   33 + 19   33 + 18

6 Lo Shu und ihre Verwandten. Berechne alle Dreiersummen.

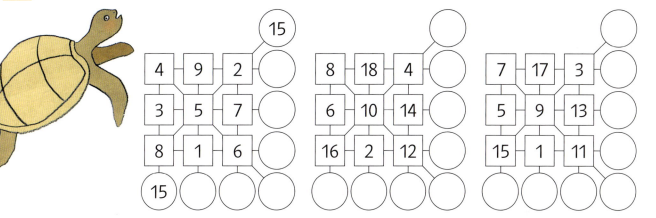

A Wo stehen gerade, wo stehen ungerade Zahlen?
B Vergleiche die Zauberquadrate und ihre Ergebnisse.

Zauberquadrate erforschte auch der Mathematiker Srinivasa Ramanujan.

Briefmarke aus Indien:
Srinivasa Ramanujan, 1887-1920

Ramanujan wurde im Jahre 1887 nahe der Grossstadt Madras in Indien geboren. Seine Eltern waren sehr arm. Schon als Kind liebte er die Zahlen und spielte mit ihnen. In der Schule war er in Mathematik ein Ass. Da er aber eine Aufsatz-Prüfung nicht schaffte, konnte er nicht auf die Universität gehen. So erforschte er für sich allein die Zahlenwelt und wurde ein auf der ganzen Welt berühmter Mathematiker.

Ungleichungen

1 Der Tiger springt. Lies ab.

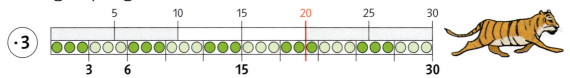

A Bei welchen Sprüngen bleibt er unter 20?　　? · 3 < 20

1A　1 · 3 < 20
　　2 · 3 < 20

B Bei welchen Sprüngen kommt er über 20?　　? · 3 > 20

1B　7 · 3 > 20
　　8 · 3 > 20

2 Der Fuchs springt. Lies ab.

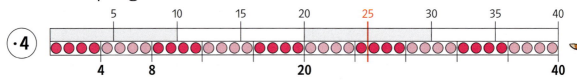

A Bei welchen Sprüngen bleibt er unter 25?　　? · 4 < 25

2A　1 · 4 < 25
　　2 · 4 < 25

B Bei welchen Sprüngen kommt er über 25?　　? · 4 > 25

2B　10 · 4 > 25
　　9 · 4 > 25

3 Welche Zahlen passen? Überprüfe am Einmaleins-Plan.

0　1　2　3　4　5　6　7　8　9　10

A　? · 9 < 50

3A　0 · 9 < 50
　　1 · 9 < 50

B　? · 9 > 50

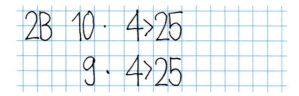

3B　10 · 9 > 50
　　9 · 9 > 50

1–2 Ergebnisse ablesen und verschiedene Lösungen aufschreiben.
3 Lösungen der Ungleichungen suchen und aufschreiben.

4 Welche Zahlen passen? Schreibe alle Ungleichungen ins Heft.

0 1 2 3 4 5 6 7 8 9 10

A ? · 2 < 15   C ? · 6 < 15   E ? · 8 < 15

```
4A  0 · 2 < 15
    1 · 2 < 15
    2 · 2 < 15
    3 · 2
```

B ? · 2 > 15   D ? · 6 > 15   F ? · 8 > 15

5 Kleiner, grösser oder gleich? Rechne mündlich.

A			B			C			D		
2 · 7	<	20	4 · 9		45	35 : 5		5	30 : 3		7
3 · 7		20	5 · 9		45	30 : 5		5	27 : 3		7
4 · 7		20	9 · 5		45	25 : 5		5	18 : 3		7
5 · 7		20	9 · 6		45	20 : 5		5	24 : 3		7
6 · 7		20	6 · 9		45	15 : 5		5	21 : 3		7

6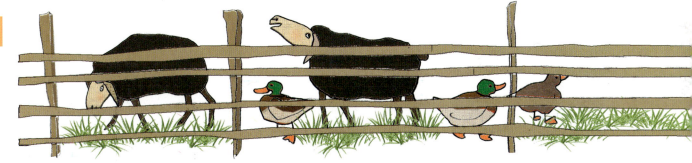

Wie viele Beine haben

A 2 Schafe und 3 Enten?   B 3 Schafe und 2 Enten?   C 4 Schafe und 2 Enten?

7 Ich zähle 22 Beine. Wie viele Schafe und wie viele Enten können es sein?

Ali zeichnet:

3 Schafe und 5 Enten

Eva rechnet:

```
Schafe | Beine    Enten | Beine
  1    |   4        1   |   2
  2    |   8        2   |   4
  3    |  12        3   |   6
  4    |  16        4   |   8
  5    |  20        5   |  10
16 + 6 = 22   4 Schafe, 3 Enten
```

4 Jeweils alle möglichen Ungleichungen aufschreiben.
5 Aufgaben mündlich lösen.
6 Sachaufgaben lösen.
7 Lösungsmöglichkeiten kennen lernen und eigene Lösungswege finden.

Die Zahlen von 1 bis 200

A

1	2	3	4	5	6	7	8	9	10	101	102	103	104	105	106	107		109	110
11	12	13	14	15	16	17	18	19	20	111	112	113	114	115	116	117		119	120
21	22	23	24	25	26	27	28	29	30	121	122	123	124	125	126	127		129	130
31	32	33	34	35	36	37	38	39	40	131	132	133	134	135	136	137		139	140
41	42	43	44	45	46	47	48	49	50										
51	52	53	54	55	56	57	58	59	60	151	152	153	154	155	156	157		159	160
61	62	63	64	65	66	67	68	69	70	161	162	163	164	165	166	167		169	170
71	72	73	74	75	76	77	78	79	80	171	172	173	174	175	176	177		179	180
81	82	83	84	85	86	87	88	89	90	181	182	183	184	185	186	187		189	190
91	92	93	94	95	96	97	98	99	100	191	192	193	194	195	196	197		199	200

B

1 Schreibe die fehlenden Zahlen ins Heft.

1A 108,   1B 141, 142,

2 Zähle weiter.

A 95, 96, 97, …, 105
B 50, 60, 70, …, 140
C 70, 80, 90, …, 160

D 80, 85, 90, …, 120
E 98, 99, 100, …, 110
F 150, 140, 130, …, 60

G 180, 170, 160, …, 90
H 115, 110, 105, …, 70
I 111, 110, 109, …, 100

3 Nenne die Zahlen in den Kreisen.

4 Nenne die Zahlen in den Kreisen.

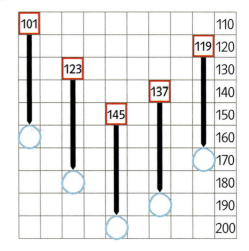

1 Fehlende Zahlen benennen und aufschreiben.
2 Folgen fortsetzen.
3–4 Zielzahlen benennen.

Das Zweihunderterfeld

1 Finde selber Rechnungen.

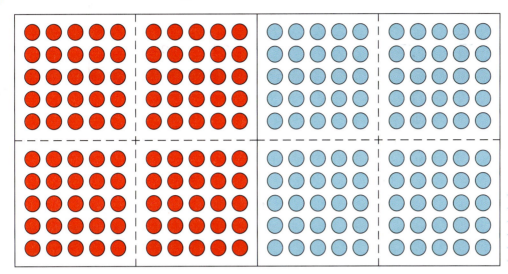

$200 = 2 \cdot 100$
$200 =$

2
100 + 100   130 + 70
150 + 50   170 + 30
110 + 90   140 + 60
190 + 10   160 + 40
120 + 80   180 + 20

3
100 + 10   100 + 60
100 + 20   100 + 70
100 + 30   100 + 80
100 + 40   100 + 90
100 + 50   100 + 100

4
2 · 50   2 · 25   5 · 10
3 · 50   4 · 25   10 · 10
4 · 50   6 · 25   15 · 10
1 · 50   8 · 25   20 · 10

5 Wechsle eine 200-Franken-Note.

1–4 Aufgaben mit Punktefeldern lösen.
5 Mit Rechengeld handelnd lösen.

Bald ist Weihnachten

1 Dezember

A Trage die Wochentage in den Kalender ein.
B Kennzeichne die schulfreien Tage rot.
C Wie viele Schultage sind es im Dezember?
D Wie viele freie Tage sind es im Dezember?

2 Ein Puzzle als Geschenk

Du brauchst: Klebe die
20 Kugeln   Kugeln so
Kleber   zusammen.
Schere

A Baue 2 Vierer.

B Baue 2 Sechser.

C Baue aus den Vierern und den Sechsern eine Pyramide.

Rätsel des Königs Tut-Anch-Amun

116 1 Kalender besprechen und Aufgaben dazu lösen.
     2 Pyramide bauen.

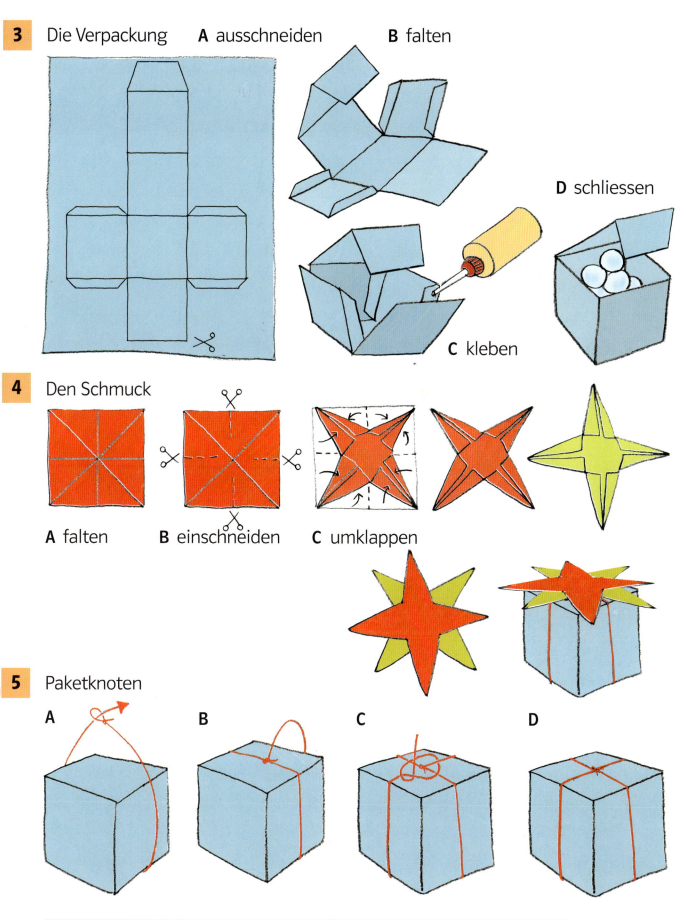

3−4 Würfel als Verpackung bauen und mit Faltstern verzieren. ▶ Kopiervorlage
5 Paketknoten knüpfen.

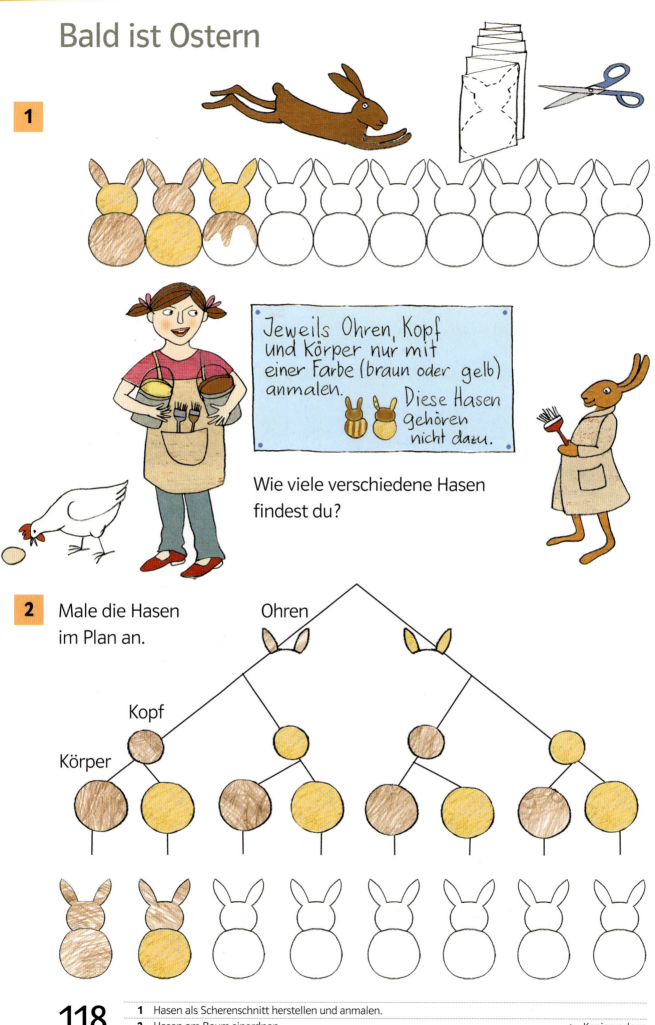

3 Zeichne, schneide aus und klebe zusammen.

Wie viele verschiedene Schmuck-Eier findest du?

4 Male die Eier im Plan an.

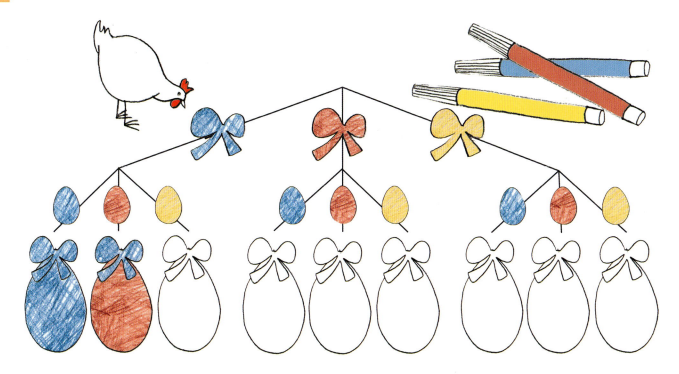

5 Wie viele Eier findest du, wenn eine weitere Farbe hinzukommt?

Schweizer Zahlenbuch 2
Ausgabe für die Schweiz auf der Grundlage des Unterrichtswerkes «Das Zahlenbuch 2», erschienen im
Ernst Klett Grundschulverlag GmbH, Leipzig 2004

Bearbeitung für die Schweiz Elmar Hengartner, Gregor Wieland
Projektleitung und Redaktion Rolf Hansen
Illustrationen Anna Luchs, Zürich
Technische Zeichnungen Brigitte Gubler, Zürich
Fotografie Stephanie Tremp, Zürich
Gestaltung Bernet & Schönenberger, Zürich
Korrektorat Textkorrektur Terminus, Luzern
Gesamtherstellung IB-Print AG, Rotkreuz
Druck UD Print AG, Luzern
Bindung Eibert AG, Eschenbach SG

Dank
In den Jahren 2001 bis 2006 haben Lehrerinnen und Lehrer aus fast allen Deutschschweizer Kantonen die sechs Bände des Zahlenbuchs systematisch evaluiert. Die Manuskriptfassungen des neu bearbeiteten Schweizer Zahlenbuchs 2 wurden begutachtet von Philipp Achermann (LU), Walter Affolter (BE), Esther Brunner (TG), Irène Gäumann (BE), Rita Krummenacher (LU), Margret Schmassmann (ZH).
Die Bearbeiter und der Verlag danken allen Beteiligten für die wertvollen Hinweise, die Evaluation und Begutachtung gegeben haben.

Bildnachweis
Umschlag: «Zebra», Fotograf: Lars Büchel, Agentur: Photo Frontal, Opfikon; S. 57: «1–11», Thomas Locher, Privatbesitz, © 2007, ProLitteris, Zürich; Verena Loewensberg, 1950, Öl auf Leinwand, 78 × 63 cm, © Henriette Coray Loewensberg, Zürich; S. 109: Briefmarke «Srinivasa Ramanujan»: Ullstein Bild/Granger Collection

Der Verlag hat sich bemüht, alle Inhaber von Nutzungsrechten zu eruieren, was leider nicht in allen Fällen gelungen ist. Sollten allfällige Nutzungsrechte geltend gemacht werden, so wird gebeten, mit dem Verlag Kontakt aufzunehmen.

Das Zahlenbuch 2
Deutsche Originalausgabe
© Ernst Klett Grundschulverlag GmbH, Leipzig 2004

Herausgeber Erich Ch. Wittmann, Gerhard N. Müller

1. Auflage 2007[1]
Alle Drucke dieser Auflage können im Unterricht nebeneinander verwendet werden.

Lizenzausgabe für die Schweiz
© Klett und Balmer AG, Zug 2007

Alle Rechte vorbehalten. Nachdruck, Vervielfältigung jeder Art oder Verbreitung – auch auszugsweise – nur mit schriftlicher Genehmigung des Verlages.

Besuchen Sie unsere Homepage unter www.klett.ch oder kontaktieren Sie uns per E-Mail: info@klett.ch oder redaktion@klett.ch

Printed in Switzerland
ISBN 978-3-264-83720-9